王道应　著

扭

转

如何走出困局

提升格局 ▶ 走出困局 ▶ 稳定发展 ▶ 财富倍增

北京时代华文书局

图书在版编目（CIP）数据

扭转：如何走出困局 / 王道应著. -- 北京：北京时代华文书局，
2024.7

ISBN 978-7-5699-5509-5

Ⅰ.①扭… Ⅱ.①王… Ⅲ.①企业管理 Ⅳ.①F272

中国国家版本馆 CIP 数据核字（2024）第 105961 号

Niuzhuan：Ruhe Zouchu Kunju

出 版 人：陈　涛
选题策划：王　生
责任编辑：邢秋玥
执行编辑：崔楠楠
装帧设计：乔景香
责任印制：刘　银

出版发行：北京时代华文书局 http://www.bjsdsj.com.cn
　　　　　北京市东城区安定门外大街 138 号皇城国际大厦 A 座 8 层
　　　　　邮编：100011　电话：010-64263661　64261528
印　　刷：三河市金泰源印务有限公司　　电话：0316-3223899
开　　本：710 mm×1000 mm　1/16　　　　成品尺寸：165 mm×235 mm
印　　张：13.5　　　　　　　　　　　　字　　数：155 千字
版　　次：2024 年 7 月第 1 版　　　　　印　　次：2024 年 7 月第 1 次印刷
定　　价：58.00 元

目 录　CONTENTS

PART 1

逆境中的
曙光

1.1

危机的解码器:
洞察商业挑战的微妙信号

在商业竞争的棋局中,每一步都可能成为决定胜负的关键。危机,这个看似突如其来的敌人,实则是由一系列不易察觉的危险信号累积而造成的。它们如同深海中的暗流,悄然改变着商业世界的布局。因此,我们需要一种解码器,即一种能够洞悉这些危险信号、解码潜在危机的工具。

这种解码器不仅是一套预警系统,更是一种战略思维的转变。它要求企业从传统的线性逻辑中解放出来,学会在复杂系统中识别出非线性的关联。这意味着企业需要培养一种全新的危机意识,一种能够从细微的市场变化中预见未来发展趋势的能力。因此,我们可以从以下几个方面认识危机的解码器。

一、危机信号的非线性特征

传统的危机管理往往基于线性思维，即认为危机是由一系列可预测的事件线性累积而形成的。然而，在现实的商业环境中，危机信号往往呈现出非线性的特征。这意味着，一个看似微不足道的变化，可能在特定条件下引发连锁反应，导致危机的爆发。例如，一家食品公司的新产品在市场上遭遇口碑危机，这种危机最初可能只是由于产品口感不符合消费者预期而造成的。消费者在网络上进行差评，这些评论再通过社交媒体的广泛传播，从而引发更严重的品牌形象危机。所以，企业要形成非线性思维，关注那些看似无关的信号，因为它们可能是危机出现的前兆。

二、危机信号的网络效应

在数字时代，信息传播的速度和范围显著超越了先前的水平。一件微不足道的事情，通过社交媒体和网络平台的传播，可能会迅速演变成一场全民关注的危机事件。例如，某品牌的新款手机发布后，由于电池续航能力不足，引发消费者不满。这种不满情绪在网络上迅速传播，形成舆论风暴，导致品牌形象严重受损。2010年，英国石油公司租用的一家名为"深水地平线"的钻井平台发生爆炸并导致大规模石油泄漏。这场灾难迅速在社交媒体上传播，引起了公众的广泛关注和强烈的情绪反应。网络效应加剧了这场危机，迫使相关公司迅速采取公关措施来控制危机的蔓延。企业要认识到这种网络效应的巨大力量，监测网络舆情，及时捕捉那些可能引发危机的信号。

三、危机解码中的"黑天鹅"事件与"灰犀牛"事件

纳西姆·尼古拉斯·塔勒布（Nassim Nicholas Taleb）是安皮里卡资本公司的创办人，纽约大学库朗数学研究所的研究员，代表作《黑天鹅的世界》。他在其著作中提出了"黑天鹅"和"灰犀牛"的概念。"黑天鹅"事件是非常罕见且难以预测的，而"灰犀牛"事件则是指那些明显存在但容易被忽视的风险。在危机解码中，企业不仅要关注那些突如其来的"黑天鹅"事件，更要警惕那些看似习以为常但潜在危害巨大的"灰犀牛"事件。例如，一家零售企业可能认为自己的库存管理已经很完善，却忽视了供应链中的某个环节可能存在的风险。这种被忽视的风险一旦爆发，可能导致整个供应链瘫痪，引发严重危机。柯达公司在数码摄影技术兴起时，未能及时调整其业务模式，忽视了这一"灰犀牛"现象。尽管柯达公司在数码摄影技术上拥有先发优势，但由于对传统胶片业务的过度依赖，最终未能适应市场变化，导致了公司的衰落。因此，企业要全面分析各种潜在风险，对"黑天鹅"事件和"灰犀牛"事件保持警惕。

四、危机解码中的"量子思维"

量子理论中的"量子纠缠"现象启示我们，即使在宏观世界，微小的变化也可能与即将发生的看似不相关的事件产生"神秘"关联。在商业领域，这种关联可能表现为一个区域市场的变动对全球供应链的影响。例如，某国经济政策调整导致该国货币汇率波动，进而影响跨国公司在该国的业务运营和全球资金流。企业应采用"量子思维"，从整体和系统的角度来

解码危机信号，而不是孤立地看待每个事件。2019 年的新型冠状病毒肺炎对全球经济产生了深远的影响。新型冠状病毒肺炎的暴发不仅影响了旅游业，还因为供应链的中断而影响了全球制造业。这种跨区域的连锁反应，正是"量子思维"在危机解码中的应用。只有把握事物之间的内在联系，企业才能准确地预测危机，制定有效的应对策略。

五、危机解码中的"边缘计算"模式

随着边缘计算技术的发展，数据处理和分析的能力正在向网络的边缘延伸。这意味着企业可以在数据产生的源头进行实时分析，而不需要将所有数据传输到中心处理器进行处理。这种模式在危机解码中具有重要意义。例如，在智能制造中，通过在生产线的设备上安装传感器和处理器，企业可以实时监测设备的运行状况。一旦出现异常情况，边缘计算系统可以立即进行分析和处理，并向管理人员发送警报。这种"边缘计算"模式有助于企业在危机初期就快速做出决策，防止事态扩大。

六、危机解码中的"情感智能"

在人工智能和机器学习的帮助下，企业可以对消费者的情感变化进行分析。通过分析社交媒体上的评论、论坛中的讨论和其他在线内容，机器学习算法可以识别消费者的情绪变化。这种"情感智能"可以帮助企业洞察消费者情绪的微妙变化，从而预测市场趋势和潜在危机。例如，如果消费者对某品牌的负面评价逐渐增多，企业可以及时关注并调查其

原因。通过了解消费者的不满和期望，企业可以采取措施改进产品的设计或提升服务质量，避免危机的发生。同时，"情感智能"还可以帮助企业在危机发生后快速感知和处理消费者的反馈和诉求，积极回应消费者的关切并解决问题。

只有掌握了这些解码器，企业才能在商业棋局中稳步前行，化解危机，赢得最终胜利。同时，随着科技的不断进步和经营环境的不断变化，企业要持续更新和升级解码器，以便更好地应对未来的挑战。

1.2

现状的透视镜：
深入剖析企业现状的全貌

当今的商业世界，瞬息万变，企业就如同航行在波涛汹涌的大海上的船只，时刻面临着未知的挑战。为了确保航向正确，企业领导者需要一面能够透视现状的镜子，这面镜子不仅要清晰地反映企业的现状，还要能够洞察隐藏在表象之下的深层次问题。要做到这一点，为决策奠定坚实的基础，企业应该学会通过新颖的视角和方法，深入剖析企业现状的全貌。

首先，我们要认识到，由于时代是在不断发展变化的，所以，企业的现状也不是静态的，而是动态发展的。它会受到内部管理、外部市场、技术进步、政策法规等多种因素的影响。因此，我们在分析企业现状时，也必须采用动态的视角，将时间轴纳入考量。这不仅仅是对过去的回顾，更是对未来趋势的预测。

在剖析企业现状时，我们可以采用"五维分析法"。这五个维度包括：

一、市场维度

分析企业在市场中的位置，包括市场份额、竞争对手技术优势、客户需求变化等。这一维度要求我们不仅要关注当前的市场表现，还要预测市场的未来走向。市场如同大海中的洋流，企业必须学会把握这些洋流的方向，才能在竞争激烈的市场中找到自己的航道。市场份额的增减、竞争对手的策略变化，以及客户需求的演变，都是企业必须密切关注的信号。通过这些信号，企业可以调整自己的产品和服务，以便更好地满足市场的需求，从而在竞争中保持领先地位。

二、财务维度

通过财务报表，分析企业的盈利能力、成本控制、现金流状况等。这一维度的核心在于了解企业的经济健康状况及其对风险的抵御能力。财务报表是企业经营状况的"晴雨表"，健康的财务状况意味着企业有足够的资源来应对市场的波动，同时也能够进行有效投资。因此，企业领导者必须密切关注财务数据，确保企业在财务上的稳健。

三、技术维度

评估企业的技术创新能力，包括研发投入、专利数量、技术团队实力等。在科技发展日新月异的今天，技术对企业的竞争力至关重要。技术是推动企业发展的引擎，它决定了企业能否在市场中保持领先地位。企业必须不断加大研发投入，以保持技术的先进性，同时也要关注专利的申请和保护，确保自己的创新成果不被竞争对手轻易复制。

四、组织维度

考察企业的组织结构、管理效率、员工满意度等。一个高效、和谐的组织环境是企业持续发展的重要保障。组织结构如同船只的骨架，支撑着企业的运作。合理的组织结构能够提高工作效率，促进信息的流通，而和谐的企业文化则能够激发员工的创造力和提高员工的忠诚度。企业领导者需要不断优化组织结构，提高管理效率，同时也要关注员工对企业的满意度，因为员工是企业最宝贵的资源。

五、环境维度

包括政策环境、社会文化、自然环境等外部因素对企业的影响。这一维度要求企业具有高度的社会责任感和可持续发展的战略眼光。企业必须学会在这些外部因素中寻找机遇，同时也要准备好应对可能出现的风险。这要求企业不仅要关注短期的利润，还要考虑长期的可持续发展，这样才能确保企业的长期繁荣。

企业在使用五维分析法时，应该注意以下几个问题。

一、应避免陷入数据的海洋，而是要挖掘数据背后的故事

例如，通过员工满意度调查，我们不仅应该看到数字，还应该探究这些数字背后的原因，如员工的职业发展路径、工作环境、企业文化等。这些背后的故事能够帮助我们更深入地了解员工的需求和期望，从而采取更有效的措施来提升员工的满意度和忠诚度。

二、要运用"系统思维"来看待企业现状

这意味着要将企业视为一个复杂的系统，这个系统的各个部分相互关联，密切配合，共同影响整体的表现。在系统思维模式下，我们不仅要关注

单一的问题，还要考虑问题之间的相互作用和整体的平衡。系统思维强调的是整体优化，而不仅仅是局部的改进。通过系统思维，企业领导者可以更好地理解各个部门和流程之间的相互依赖关系，从而做出更有效的决策。

三、剖析企业现状不仅仅是为了发现问题，更重要的是为了指导行动

通过对现状的深入分析，企业领导者可以更加明确地制定战略、优化资源配置、激发员工潜力，从而引领企业走向更加光明的未来。企业的现状分析不应该仅停留在纸面上，而应该转化为实际的行动。这包括但不限于调整市场策略、优化财务结构、加大技术研发投入、改善组织管理、应对外部环境变化等。只有将从分析的结果中总结出的经验应用于具体的实践中，企业才能在不断变化的商业环境中保持竞争力，实现可持续发展。

总之，五维分析法为企业提供了一面透视镜，它不仅能够清晰地反映企业的现状，还能够洞察隐藏在表象之下的深层次问题，为企业的决策提供坚实的基础。在不断变化的市场环境中，这样的分析工具对企业的长期发展具有不可估量的价值。企业领导者应该将这种分析方法作为决策过程中不可或缺的一部分，以确保企业能够在波涛汹涌的商业大潮中稳健航行，迎接每一个新的挑战。

1.3
问题解决的蓝图：
精准定位关键问题

现代商业世界充满了变数，每个企业都会遭遇各种各样的挑战。从环境变化到技术革新，从供应链调整到消费者偏好的转变，这些问题如同迷宫，让企业陷入困境。然而，正如航海者有了罗盘的指引就不会在大海上迷失方向，我们只有掌握了一套有效的方法来精准定位关键问题，才能在商业大潮中找到走出困局的办法。

在传统的思维模式中，我们常常依靠直觉和经验来解决问题。这种方法虽然在某些情况下能够奏效，但因为缺乏系统性和深度，容易导致我们陷入表面现象的迷雾中。为了更深入地理解问题，我们可以绘制一张"问题地图"，从宏观和微观两个层面上全面地理解问题。

一、宏观视角

在宏观层面上，将问题放置在一个更大的背景中，分析其与外部环境、组织结构、文化氛围等因素的关联。这就像是在地图上找到目标所处的地理位置，了解它周围的地形和气候。通过这种宏观视角，我们可以更准确地分析产生问题的背景，从而为解决问题提供更广阔的视野。例如，一个企业在面临市场竞争压力时，通过宏观视角，可以分析市场趋势、竞争对手的策略以及政策法规的变化，发现产生问题的根源。

二、微观视角

在微观层面上，要深入到问题的核心，剖析其内在的结构和组成部分。这就像是用放大镜观察问题，看清楚它的每一个细节。通过这种微观视角，我们可以深入到问题的本质，发现那些隐藏在表象之下的关键因素。例如，一个团队在项目执行中遇到效率低下的问题时，通过微观视角，可以分析团队成员的沟通模式、任务分配的合理性以及工作流程的优化空间，从而找到提高效率的具体方法。

为了精准定位关键问题，我们需要遵循三个关键步骤。这些步骤就像是导航仪上的坐标，指引我们找到问题。

一、问题分解

将复杂问题分解为更小、更具体的子问题。这个过程就像是将一个复杂的拼图拆分成一个个小块，每一块都是问题的一个方面。通过分解，我们可以更清晰地看到问题的不同侧面，从而避免被表象所迷惑。问题分解不仅能够帮助我们更好地理解问题，还能够更容易地找到解决问题的切入点。例如，一个项目延期的问题，可以分解为资源分配不当、技术难题未解决、团队协作不畅等多个子问题，每个子问题都可能是导致项目延期的一个因素。

二、根源追溯

在分解的基础上，我们需要追溯问题的根源。这不仅是找出问题产生的直接原因，更是要探究背后的深层次原因。这就像考古学家发掘古代遗址，探寻文明的起源。我们据此可以找到问题产生的真正原因，为解决问题提供更有针对性的策略。例如，一个产品销售不佳的问题，直接原因可能是市场推广不足，但深层次原因可能是产品设计不符合市场需求，或者是生产成本过高导致价格在市场上没有竞争力。

三、影响评估

评估子问题对整体问题的影响程度。这就要求我们要像经济学家一样，对问题的影响进行量化分析，从而确定哪些子问题对解决问题最为关键。通过影响评估，我们可以优先处理那些对解决问题影响最大的部分，从而提高解决问题的效率。例如，在一个复杂的生产流程中，评估每个重要环节对整体生产效率的影响，可以帮助我们确定应该先优化哪些环节。

在精准定位关键问题的过程中，我们可以借助一些创新工具来提高效率和准确性，这些工具就像是我们手中的放大镜和显微镜，可以帮助我们更清晰地看到问题的本质。这些创新工具中比较典型的有以下几种。

一、思维导图

思维导图是一种非线性的思考工具，它可以帮助我们将问题分解成多个子问题，并在每个子问题上进行细化。这种方式有助于我们直观地看到问题的全貌。通过思维导图，我们可以清晰地看到问题的各个部分以及它们之间的联系，这对于理解问题的复杂性和找到解决方案至关重要。例如，当我们面对一个复杂的项目管理问题时，思维导图可以帮助我们清晰地看到各个任务之间的关系，从而更好地规划和协调资源。

二、系统动力学模型

系统动力学模型可以帮助我们理解问题是如何在系统中动态发展的。通过建立模型，我们可以模拟问题的发展过程，预测不同干预措施所达到的效果。这种模型通常包括信息反馈的环路及其延迟，它们是系统动态中的关键因素。我们可以据此更好地理解问题的动态特性，从而制定出更有效的解决方案。例如，在供应链管理中，系统动力学模型可以帮助我们理解库存状态、订单处理时间和运输成本之间的相互作用，从而优化整个供应链。

三、数据分析

在数字化时代，数据分析是解决问题的强大工具。通过收集和分析相关数据，我们可以发现问题的模式和趋势，从而为决策提供科学依据。数据分析可以验证我们的假设，评估不同解决方案的效果，以及监控问题解决的进展。在解决问题的过程中，数据分析是一个不可或缺的工具。例如，通过数据分析，我们可以发现客户流失的模式，从而采取有针对性的措施来提高客户满意度和忠诚度。

精准定位关键问题是解决问题的第一步，也是至关重要的一步。通过宏观和微观视角，我们可以全面地理解问题；通过问题分解、根源追溯和影响评估三个步骤，我们可以深入到问题的核心；而借助思维导图、系统动力学模型和数据分析等创新工具，我们可以提高解决问题的效率和准确性。在当下日新月异的时代，我们只有不断更新解决问题的策略，才能适应新的挑战。记住，每一个问题都可能是一个机会，关键在于我们如何去发现和解决它。

1.4
战略的舵手：
组建高效的应急响应团队

在快速变化的商业世界中，企业面临的挑战如同海面上突如其来的风暴，随时可能将航船推向险境。在这样的环境下，一个高效的应急响应团队就像是战略的舵手，能够在危机时刻引领企业安全航行，转危为安。要建设一支这样的团队，我们可以从以下几个方面入手。

一、危机意识：团队的觉醒

在商业的海洋中，危机意识是应急响应团队的基石。这不仅是保持对外部环境变化的敏感，更是对内部运作脆弱环节的深刻理解。团队成员需要有前瞻性思维，能够在平静的海面上预见风暴的来临，而不是等到巨浪翻滚时才手忙脚乱。这种危机意识不仅需要团队成员具备，更需要整个组织都具备。在日常工作中，企业可以通过风险评估、危机模拟等方式来培养和增强员工的危机意识。

为了培养这种危机意识，企业可以定期组织风险管理研讨会，邀请行业内部和相关行业的专家分享最新的市场动态、行业趋势以及相关案例。通过这些活动，员工可以了解危机的多样性和不可预测性，从而在日常工作中有意识地寻找潜在的风险点，并提前制定应对措施。此外，企业还可以通过模拟游戏、角色扮演等方式，让员工在模拟的危机情境中体验决策的压力，从而提高他们应对真实危机的能力。

二、多元化与互补性：团队的构建

一个高效的应急响应团队应该是多元化的，成员有着不同的教育背景且来自不同的专业领域。这种多样性不仅能够提供更多元的视角，还能够在危机出现时提供多样化的解决方案。同时，团队成员之间的互补性也至关重要，为了实现多元化和互补性，企业可以采用跨部门、跨领域的团队组合方式，充分发挥每个成员的独特优势。

在构建多元化团队时，企业应该考虑成员的教育背景、工作经验、技能特长以及个人特质。例如，一个由财务分析师、IT 专家、公关经理和供应链协调员组成的团队，可以在危机发生时从不同的角度分析问题，提出不同的解决方案。企业还可以通过内部轮岗、跨部门项目等方式，让员工有机会了解其他部门的工作，从而在危机出现时能够更好地理解团队成员的职责和需求。

三、敏捷性与适应性：团队的行动力

在面对危机时，速度和灵活性是关键。团队需要能够迅速做出决策并采取行动。这就要求团队成员不仅要有快速反应的能力，还要有适应变化的能力。在不断变化的商业环境中，团队需要根据情况调整策略和行动计划。为了提高团队的敏捷性和适应性，企业可以定期进行团队培训和演练，

使团队成员熟悉各种应急响应流程和方案。

为了提升团队的敏捷性，企业可以实施敏捷管理方法，如 Scrum（一种迭代式增量软件开发过程）或 Kanban（看板管理，其核心理念在于可视化、透明化和协作，使项目团队可以实时了解整个项目的状态，及时调整工作），这些方法强调快速迭代和持续改进。通过定期召开会议，团队可以迅速调整工作计划，以应对外部环境的变化。此外，企业还可以通过建立灵活的组织结构（如扁平化管理）来减少决策层级，加快信息流通和决策速度。

四、沟通与协作：团队的凝聚力

有效的沟通是应急响应团队成功的关键。团队成员之间需要建立起开放、透明的沟通渠道，确保信息的快速流通。此外，协作精神也是必不可少的。在危机时刻，团队成员需要放下个人利益，共同面对挑战，携手解决问题。为了促进沟通与协作，企业要明确沟通流程和责任分工，确保每个成员都清楚自己的角色和任务。同时，建立信任和互助的工作氛围也是非常重要的。

为了加强团队的沟通与协作，企业可以采用多种沟通工具，如企业社交平台、项目管理软件等，以支持实时信息共享和任务协调。此外，定期的团队建设活动，如团队拓展训练、共同解决问题的工作坊，也有助于增强团队成员之间的信任和默契。企业还应该形成开放的沟通氛围，让每一位员工得到尊重，保证每一位员工的反馈得到及时回应。

五、持续学习与创新：团队的生命力

一个能够持续发展的团队，必须具备学习和创新的能力。比如定期进行培训来提升技能以应对新的挑战。同时，团队应该鼓励创新，不断探索新的解决方案和应对策略。为了激发团队的学习和创新精神，企业应设立奖励机制，提供学习资源，鼓励员工不断突破自我，追求卓越。

为了促进团队持续学习和创新，企业可以建立一个知识共享平台，鼓励员工分享他们的专业知识和实践技能。此外，企业还可以定期组织内部创新竞赛活动，激励员工提出新的创意和解决方案。通过这些活动，团队成员可以在实践中学习和成长，同时也为企业带来新的发展机遇。

六、模拟与演练：团队的实战经验

理论再好，也需要实践来检验。通过模拟危机场景和进行应急演练，团队可以在没有真实风险的情况下测试其应对能力。这种模拟不仅能够使团队积累实战经验，还能够发现潜在的问题，提前进行调整和优化。为了确保模拟演练的有效性，企业可以聘请专家进行指导评估，以便更好地提升团队的应急响应能力。

在进行模拟演练时，企业应尽可能地模拟真实的危机情境，包括各种可能的危机类型和影响。演练应该包括从最初的危机识别到最终的恢复过程，确保团队成员对整个应急响应流程有全面的了解。此外，演练后应该进行详细的回顾和评估，分析团队的表现，识别改进点，并制定相应的改进措施。

在商业的海洋中，没有永远的风平浪静。只有建设一支高效的应急响应团队，才能引领企业在风暴中保持冷静，保证企业这艘航船驶向安全的港湾。

1.5

变革的催化剂：
绘制转型的宏伟蓝图

在商业世界中，陷入困境是不可避免的，市场环境的瞬息万变，内部管理的瓶颈，这些都会成为企业需要解决的一道道难题。当企业陷入困境，简单的修修补补已经无法解决问题时，就需要彻底的转型。这种转型并非简单的策略调整，而是需要宏大的蓝图作为指引。那么，如何进行转型呢？我们可以从以下几个方面开展工作。

一、打破思维定式，重塑企业愿景

要走出商业困境，必须打破原有的思维定式。这种打破不仅包括对市场、产品和服务的重新定义，还包括对企业自身的重新认知和定位。在此过程中，重塑企业愿景至关重要。这个愿景不仅是对未来的设想，更是对自身价值和使命的重新确认。它应该具有足够的吸引力，能够激发员工的热情，同时也应该具有足够的前瞻性，能够为日常的决策和行动提供指引。

在重塑愿景的过程中，企业需要深入分析自身的核心竞争力，以及市场和客户需求的变化。这意味着要勇于抛弃那些不再适应时代发展的旧观念，拥抱新的商业模式和技术。企业愿景的重塑是一个动态的过程，它需要不断地根据外部环境的变化和内部资源的优化进行调整。这样的愿景才能引领企业在不断变化的市场中找到新的增长点，实现可持续发展。

二、构建多元化的创新生态系统

在重塑企业愿景的同时，企业需要构建一个多元化的创新生态系统。这个生态系统应该包括跨部门的协作、外部合作伙伴的整合以及对新兴技术的积极探索。通过这样的生态系统，企业能够针对市场变化快速做出回应，不断推出创新产品和服务，从而在竞争中保持领先地位。

构建创新生态系统，要求企业内部打破部门间的壁垒，鼓励跨部门合作。这种合作能够促进知识的流动和灵感的碰撞，为企业带来新的创意。同时，企业还需要积极寻求外部的创新资源，与科研机构、初创公司以及其他行业领导者建立合作关系，共同开发新技术和新产品。此外，企业还应该关注新兴技术的发展，如人工智能、大数据、云计算等，这些技术都有可能成为企业创新的催化剂。

三、实施敏捷管理，提升组织适应性

为了更好地适应快速变化的市场环境，企业应当实施敏捷管理。这意味着组织结构更加扁平化，决策过程更加透明和快速。通过敏捷管理，企业能够减少不必要的程序，提高决策的效率和质量，从而在变革中保持灵活性和竞争力。

敏捷管理的核心在于快速响应和持续改进。敏捷管理要求企业营造一种氛围，鼓励员工提出新的想法，并迅速将这些想法转化为可执行的行动。同时，敏捷管理还要求企业拥有灵活的组织结构，能够快速调整资源和人员配置，以适应新的挑战。最后，还要求企业建立有效的沟通机制，确保信息在组织内部的快速流通，以便团队成员能够及时了解市场动态和企业战略的变化。

四、培养变革型领导力，引领团队前行

有变革精神的领导者在企业转型过程中起着关键作用。他们不仅需要具备前瞻性的思维，还需要有强大的执行力和影响力。变革型领导力意味着能够激励团队应对挑战，适应变化，在变革中找到新的机会。通过培养这样的领导力，企业才可以确保转型过程中的每一个决策都能够得到有效执行。

培养变革型领导力，首先要求领导者具备清晰的变革愿景，并能够将这一愿景传达给团队成员。领导者需要展现出对变革的坚定信念，以及在面对困难时不屈不挠的决心。同时，领导者还应该具备良好的沟通能力，能够倾听团队成员的意见和建议，将这些反馈融入变革的决策过程中。此外，领导者还需要具备激励和赋能团队的能力，帮助团队成员克服变革中的困难，实现个人和组织的共同成长。

五、优化资源配置，实现战略聚焦

在转型过程中，企业需要重新审视资源配置，确保资源能够集中到最有可能进行变革的领域。这意味着需要剥离一些不再符合企业愿景的业务，

或者投资新的市场和技术。通过优化资源配置，企业能够实现战略聚焦，确保转型的方向和速度。

资源优化配置是企业转型成功的关键。企业应该对现有的业务和项目进行全面评估，识别出那些能够为企业带来最大价值的领域。对于那些不再符合战略方向的业务，企业应该果断地进行剥离，将资源重新投入到更有前景的领域。同时，企业还需要关注新兴市场和技术的发展，及时调整战略，确保资源的有效利用。

六、建立风险管理机制，确保变革的稳健性

变革总是伴随着风险。因此，企业需要建立一套有效的风险管理机制，以识别、评估和应对变革过程中可能出现的风险。这包括对市场风险、技术风险、财务风险等进行系统性的监控和管理。通过这样的机制，企业能够在变革中保持稳健，避免因风险失控而导致的失败。

风险管理机制的建立需要企业具备前瞻性的思维和综合的分析能力。企业应该设置专门的风险管理部门，负责监控市场和技术的变化，评估潜在的风险，并制定相应的应对策略。此外，企业还应该建立风险评估和报告机制，确保管理层能够及时了解风险状况，并做出相应的决策。在变革过程中，企业还应该保持灵活性，做好随时调整策略的准备，以应对不断变化的风险环境。

绘制转型的宏伟蓝图，不仅需要企业领导者具有远见和决心，还需要

整个组织的共同努力。通过以上措施，企业能够在波涛汹涌的商业大潮中找到自己的航道，实现从困境到重生的华丽转身。这不仅是对企业自身的挑战，也是对领导者智慧和勇气的考验。在这个过程中，每一个小步骤都是通往成功的重要基石。

PART 2

市场脉搏的
把握

2.1

趋势的探测仪：
捕捉市场动态的微妙变化

在变幻莫测的市场环境中，每一个企业家都如同在风中摇摆的船帆，试图捕捉那微妙的、决定命运的风向。商业世界中，风向变化无常，成功的秘诀就在于成为"趋势的探测仪"。

"趋势的探测仪"不仅要有敏锐的洞察力，更要有敢于冒险和不断尝试的决心。他们不仅在观察市场，更是在理解市场，试图从复杂的现象中找出那些决定未来的微妙变化。拥有捕捉这些微妙变化的能力，对于任何希望在竞争中保持领先地位的企业来说，都是至关重要的。企业家想成为趋势的探测仪，必须具备以下几个方面的关键能力。

一、要具备敏锐的观察力和深刻的洞察力

我们要认识到，市场趋势并非一成不变，它们是由无数微观因素相互作用的结果。这些因素包括消费者行为的转变、技术的进步、政策的调整以及全球经济形势的变化。比如，电动汽车的兴起不仅仅是技术进步的产物，它还受到环保政策的推动和消费者对绿色出行方式的追求的影响。这些因素相互作用，有时甚至会产生意想不到的化学反应，推动市场方向的转变。"趋势的探测仪"要在这些看似无关的事件中发现潜在的联系，就需要有一双善于发现的眼睛，能够从复杂的市场现象中提炼出关键信息，预测未来的趋势。

二、要培养一种未来感

这意味着要超越当下，预见未来可能发生的变化。这不仅是对数据的简单分析，而且是结合历史经验、行业知识以及对人类行为的深刻理解。例如，苹果公司在推出第一代 iPhone 智能手机之前，就通过深入研究消费者对移动设备的需求和期望，预见到了智能手机市场的潜力。基于多元化的信息源，包括但不限于行业报告、消费者调查、社交媒体趋势分析等，我们可以构建一个更加全面的趋势图景。为了更好地培养未来感，企业需要不断地学习和积累经验、了解行业的历史和发展趋势、关注科技和社会的最新动态、分析消费者的需求和行为模式等。通过不断的学习和积累经验，企业可以逐步培养出对未来趋势的敏感和预见能力。

三、要具备快速反应的能力

在快速变化的市场中，机会往往转瞬即逝。因此，企业必须建立灵活的决策机制，以便在趋势变化的第一时间做出响应。这意味着要调整产品线、改变营销策略或者重新配置资源。例如，当亚马逊发现电子商务兴起时，迅速从在线图书销售扩展到各种商品的零售，最终成为全球最大的电子商务平台。在这一过程中，创新思维和敏锐的市场嗅觉是必不可少的。企业需要不断地优化自身的组织结构和运营模式，提高决策效率和执行力。同时，企业还需要建立一套灵活的资源配置机制，以便在发现机会或遇到风险时能够迅速调整资源分配。

四、要学会利用技术工具来提高自己的洞察力

大数据、人工智能和机器学习等技术的应用，可以帮助我们从海量信息中筛选出有价值的信号。例如，美国奈飞公司通过分析用户的观看历史和喜好，推荐个性化的内容，从而提高用户满意度和留存率。通过这些工具，我们可以更准确地预测市场趋势，从而做出更加明智的商业决策。利用技术工具可以大大提高信息处理的效率和质量。例如，利用大数据分析可以深入挖掘消费者的购买行为和偏好，从而更好地满足市场需求；利用人工智能可以预测市场的未来走势，为企业决策提供有力支持。

五、要具备一定的信息解读能力

市场动态的微妙变化往往隐藏在复杂的数据背后，这就要求"趋势的探测仪"不仅要有扎实的专业知识，还要有跨学科的思维能力。

在面对复杂的市场现象时，能够从不同的角度进行分析，从而发现那些被大多数人所忽视的趋势。例如，特斯拉在电动汽车领域取得成功，部分原因是其创始人埃隆·里夫·马斯克（Elon Reeve Musk）能够从能源、交通和环境等多个角度审视汽车行业，从而预见到电动汽车未来的发展潜力。因此，企业需要建立一套完善的数据收集和分析体系，以便更好地解读市场数据和洞察市场趋势。同时，企业还需要不断地提高员工的专业素质和跨学科思维能力，以便更好地应对复杂多变的市场环境。

六、必须具备一种"长期主义"的精神

市场趋势的变化往往是缓慢而渐进的，但它们的影响却是深远的。因此，企业在追求短期利益的同时，也必须关注那些可能在未来几年内带来重大变革的趋势。这种长期视角可以帮助企业在竞争激烈的市场中保持前瞻性，从而实现可持续发展。要想实现长期发展就必须具备持续的创新能力和敏锐的市场洞察力。通过不断创新和探索新的领域，企业可以更好地适应未来的市场变化，抓住未来的商机。同时，企业还需要不断优化自身的组织架构、人才培养和管理体系等基础要素，以支撑长期的发展和创新。例如，谷歌在搜索引擎领域取得成功后，并没有停止创新的步伐，而是继续投资于人工智能、自动驾驶等领域，确保在未来的竞争中保持领先地位。

　　正如航海者需要借助风的力量，企业也需要借助趋势的力量。"趋势的探测仪"就像是那些在波涛汹涌的大海中寻找航道的舵手，随着市场风向的变化，他们不断调整航向，驾驶着企业这艘航船，向着既定的目标稳步前行。在这场永不停歇的航行中，那些能够准确把握风向、灵活应对变化的"趋势的探测仪"，最终将引领他们的企业抵达成功的彼岸。

2.2

竞争的棋手：
深入剖析竞争对手的布局策略

市场竞争不是一次性的，它更像是一个错综复杂的棋局，每一步都可能成为决定胜负的关键。在这场没有硝烟的战争中，了解竞争对手的布局策略，就如同棋手在对弈中洞察对方的棋路，是取得优势的关键。像一名冠军棋手那样去思考，深入剖析竞争对手的布局策略，可以从以下几个方面做起。

一、要具备宏观的视野和微观的洞察力

我们要认识到，竞争对手并非单一的个体，而是由一系列策略和行动构成的动态系统。这些策略和行动如同棋盘上的棋子，每一步都有其深远的意义和潜在的威胁。因此，深入剖析竞争对手的布局策略，意味着我们要从全局出发，理解市场的整体发展趋势，同时也要细致入微地观察对手的每一个动作，从中寻找规律和模式。例如，我们可以通过对竞争对手的财务报告、市场推广活动以及客户反馈的分析，来推断其可能的市场定位和未来发展方向。

二、要学会"读心术"

这里的"读心术"并非指真正的心灵感应，而是指通过市场行为、产品发布、营销策略等公开信息，去推测对手的战略意图。这需要我们具备敏锐的市场嗅觉，能够从对手的一举一动中捕捉到潜在的信号。例如，对

手突然加大研发投入，可能是在寻求技术突破；频繁的并购活动，可能是在构建行业壁垒。这样的洞察力不仅能够帮助我们预测对手的下一步行动，还能为自己的战略决策提供宝贵的参考。

三、要掌握"布局"的艺术

在棋局中，布局是决定胜负的关键。在商业竞争中，我们需要培养自己的战略优势，同时预测并应对对手可能的布局。这就要求我们不仅要有前瞻性，还要有灵活性，能够根据市场变化及时调整自己的策略。例如，通过数据分析，我们可以预测对手的市场扩张方向，从而提前布局，抢占先机。这不仅涉及对市场趋势的准确把握，还包括对资源的有效配置和利用，以及对时机的精准把握。

四、要懂得"牺牲"的智慧

在棋局中，有时候为了长远的胜利，必须牺牲一些棋子。在商业竞争中，也需要在某些领域做出让步，以换取在更重要领域的领先。这种策略需要我们有大局观，能够权衡短期利益和长期目标。在实际应用中，这可能表现为在短期内减少对某些市场的投入，以便把资源集中到更有潜力的领域，或者在某些项目上做出让步，以便在关键的合作中获得更大的话语权。

五、要学会"变阵"

在棋局中，面对对手招数的变化，我们需要灵活调整自己的阵型，以应对不同的挑战。在商业竞争中，我们要不断创新，不断尝试新的商业模式和市场策略。只有不断创新，才能在变幻莫测的市场环境中保持竞争力。这要求我们保持开放的心态，不怕失败，因为每一次失败都可能是通往成功的垫脚石。

六、要明白"持久战"的重要性

在棋局中，耐心和耐力往往是决定胜负的关键。商业竞争要求我们具有长久的执行力和长远的战略规划。我们不能因为一时的得失而动摇，而应该坚持自己的核心价值和长期目标。这需要我们有坚定的信念，即使在市场环境恶劣、竞争压力巨大的情况下，也能够保持冷静，坚持自己的战略方向。

深入剖析竞争对手的策略布局，需要采用多种具体方法。这些方法可以帮助我们更全面、深入地了解竞争对手，从而制定出更有针对性的竞争策略。具体如下。

一、市场调研是必不可少的一步

通过市场调研，我们可以了解竞争对手的产品、价格、渠道、营销等方面的信息。这不仅包括公开信息，如官方网站、年报、媒体报道等，还包括非公开信息，如通过专业机构进行深入的消费者调研、竞品分析等。市场调研的目的是获取真实、全面的竞争对手的情况，以便我们做出准确的判断和决策。

二、数据分析也是深入剖析竞争对手的重要方法

数据分析可以帮助我们了解竞争对手的市场表现、用户行为、销售数据等方面的情况。通过数据分析，我们可以发现竞争对手的优势和劣势，

以及市场趋势和机会。这需要我们具备一定的数据分析能力，掌握一些数据分析工具，如 Excel（统计数据，零代码开发平台）、Tableau（一款用于可视分析数据的商业智能工具软件）等。

三、对标研究也是一种有效的方法

对标研究是指将竞争对手的产品、服务、策略等方面与行业内的最佳实践进行比较，从而发现自身的不足和改进方向。通过这种方式，我们可以学习借鉴竞争对手的优点，同时避免其缺点，提升自身的竞争力。对标研究不仅可以帮助我们发现潜在的机会和威胁，还可以为我们提供可行的改进方案和行动计划。

四、人际网络也是获取竞争对手信息的重要途径

通过与行业内的人士交流，我们可以了解竞争对手的最新动态、市场策略、产品创新等方面的信息。这种交流不仅包括面对面的会议，还可以通过社交媒体、专业论坛等渠道进行。人际网络可以帮助我们获取一手信息，同时也可以为我们提供不同视角。

总之，优秀的棋手，不仅要有敏锐的洞察力，还要有前瞻性的战略眼光，以及灵活多变的应对策略。在这场没有硝烟的战争中，只有那些能够深入剖析竞争对手布局策略的棋手，才能在激烈的市场竞争中立于不败之地。这不仅是一种智慧，更是一种勇气和决心，是在风云变幻的商业竞争中生存和发展的基石。

2.3

客户的心声：

精准定位目标市场的核心需求

精准定位目标市场的核心需求是企业在当今激烈竞争的环境中获得优势的关键。在当下这样一个时代，客户的需求是多样化的，只有深入了解客户，把握其核心需求，企业才能制定出有针对性的营销策略，提高客户满意度和忠诚度。如何在复杂多变的市场中找准自己的定位，倾听客户的心声，是每一个企业都需要深入思考的问题。为此，我们要在以下几个方面提高认识。

一、客户之声：满足客户的真实需求

在大数据时代，企业通常会通过数据分析来了解市场趋势和客户需求。然而，数据只能提供表面的信息，而不能深度体现客户的真实需求和期望。因此，企业需要通过市场调查、客户访谈等方式，直接倾听客户的心声。这种深入了解客户的过程，能够帮助企业发现客户的痛点和期望，从而更好地满足其需求。

在这一过程中，企业应当采用多元化的研究方法，包括定性研究、定量研究和定性研究与定量研究相结合的研究方法。定性研究，如深度访谈和焦点小组讨论，能够揭示客户的内心感受和未言之需。定量研究，如问卷调

查和数据分析，可以预测客户行为的宏观趋势。通过这两种方法的结合，企业能够获得一个全面的客户画像，从而更精准地定位目标市场的核心需求。

二、情感共鸣：建立深层次连接

客户在选择产品或服务时，不仅基于功能性需求，还基于情感上的共鸣。这意味着企业需要与客户建立情感上的联系，让客户感受到品牌的价值观和理念。通过故事讲述、品牌传播等方式，企业可以与客户产生情感共鸣，从而提高客户对品牌的忠诚度和满意度。

为了产生情感共鸣，企业应当深入挖掘品牌故事，将其与客户的个人经历和情感联系起来。品牌故事应当真实、感人，能够触动客户的情感。此外，企业还应当通过社交媒体和内容营销，传递品牌的价值观，与客户产生情感上的共鸣。这种情感上的连接，不仅能够提升客户的购买意愿，还能够在客户心中树立起品牌形象。

三、共创价值：客户参与的重要性

随着消费者需求的不断变化，客户不再满足于被动接受产品和服务，而是希望参与到产品的设计和改进过程中。企业应该鼓励客户参与，通过用户反馈、社区互动等方式，让客户融入其中，成为产品创新的共同创造者。这种共创价值的过程，不仅能够提升客户的满意度和忠诚度，还能够帮助企业更加深入地洞察市场。

共创价值的实现，需要企业建立开放的创新平台，让客户能够提出建议和进行反馈。这种平台可以是线上的论坛、社交媒体群组，也可以是线下的研讨会和工作坊。通过这些平台，企业能够收集到客户的直接反馈，了解他们的需求和期望。同时，企业还应当建立快速响应机制，对客户的建议进行评估并付诸实践，确保客户的参与能够转化为实际的产品和服务。

四、个性化体验：定制化服务的兴起

随着消费者个性化需求的日益增长，企业必须提供定制化的服务来满足不同客户的独特需求。这就意味着企业需要在产品和服务的设计上，考虑到客户的个人偏好、生活方式和价值观。通过提供个性化体验，企业才能够更好地满足客户的深层次需求，赢得客户的信赖，从而在竞争中获得优势。为了实现这一目标，企业可以采用人工智能、大数据等技术手段，对客户需求进行深度挖掘和分析，从而提供更加精准的定制化服务。

在个性化体验的实现过程中，企业应当注重技术的运用，同时也不能忽视人性化的服务。人工智能和大数据可以帮助企业分析客户的行为模式，预测其需求，但真正的个性化服务还需要企业能够理解客户的情感需求，只有兼顾好个性化体验和人性化服务，才能满足客户多方面的需求。因此，企业应当结合技术与人文关怀，提供既智能又贴心的服务，让客户感受到被重视和理解。

五、持续对话：建立长期关系

客户关系管理不应仅限于交易的完成，还应该是一个持续的对话过程。企业应该通过各种渠道，如社交媒体、客户服务热线等，与客户保持沟通，

及时了解他们的需求变化和反馈。这种持续的互动，有助于企业不断调整策略，以适应市场的变化，满足客户的需求。同时，企业还可以通过会员制度、积分奖励等方式，提高客户的忠诚度和参与度，从而建立起长期的客户联系。

为了实现持续对话，企业应当建立一个全方位的客户沟通体系。这包括但不限于在线聊天工具、电子邮件、电话和社交媒体。企业应当确保客户能够在任何时间、任何地点，通过他们选择的渠道获得及时的响应和帮助。此外，企业还应当定期收集客户反馈，通过调查问卷、用户访谈等方式，了解客户对产品和服务的满意度，以及他们对未来做出改进的期望。这些信息将为企业改进自己的产品和服务提供宝贵的指导。

精准定位目标市场的核心需求是企业在市场竞争中获得优势的关键。企业必须认识到客户不仅仅是数字背后的购买者，他们还是有情感、有故事、有期待的人。通过不断地倾听、理解和响应客户的需求，企业不仅能够赢得市场份额，更能够建立起与客户之间的深厚联系。这种联系超越了简单的交易关系，它是基于信任、尊重和共同成长的伙伴关系。在未来，那些能够真正理解和满足客户核心需求的企业，不仅能够提升客户满意度和忠诚度，还能为企业带来长远的竞争优势。

2.4

品牌重塑的艺术家：
重塑品牌价值的全新篇章

品牌是企业的无形资产，它能够影响消费者的购买决策，塑造企业的形象，甚至是企业核心竞争力的体现。然而，随着市场的变化、消费者偏好的改变以及竞争的加剧，品牌也会面临诸多挑战，甚至会陷入困局。在这样的环境下，消费者在商品的选择上会产生犹疑，甚至品牌的忠实粉丝也可能会寻找新的选择，而新的竞争者可能会借助创新的策略和产品迅速崛起。如何帮助品牌走出这种困境，重塑其价值，是企业必将面对的一大难题。

要理解品牌重塑的过程，我们首先需要探究品牌陷入困境的根源。品牌困境往往源于以下几个方面。

一、消费者偏好的变化

随着时代的进步，消费者的需求和偏好也在不断变化。过去一成不变的产品或服务已经无法满足日益复杂和多样化的消费者需求。如果品牌不能及时捕捉这些变化，满足消费者的新需求，其市场地位将受到威胁。消费者现在更加注重个性化、定制化和体验化，品牌必须适应这些变化，如果不能与时俱进，就有可能被市场淘汰。

二、竞争环境的恶化

在激烈的市场竞争中，如果品牌缺乏独特的定位或竞争优势，很容易被竞争对手超越。要想让品牌在众多的竞争者中脱颖而出，不仅要对品牌有清晰的定位，还要有持续的创新能力。在同质化严重的市场中，品牌差异化是生存的关键。

三、产品或服务的问题

如果品牌不能提供高质量的产品或服务，将失去消费者的信任，进而陷入困境。品质是品牌信誉的基石，一旦品牌无法维持高品质的标准，消费者的信任就会迅速流失，品牌的价值也会随之下降。

四、品牌形象的过时

品牌的形象和声誉对于其价值至关重要。如果品牌的形象未能跟上时代的步伐，将影响其在市场中的地位。品牌形象的老化会导致品牌失去新鲜感，失去活力，失去对消费者的吸引力，特别是无法与年轻消费者建立联系，从而影响品牌的长期发展。

面对品牌的困境，一些企业选择了重塑品牌，以重新获得市场的认可。其通过创新的思维和独特的策略，为品牌注入了新的活力。品牌重塑不是对现有品牌元素的简单调整，而是一个系统性的变革过程，涉及品牌战略、产品开发、市场定位、消费者沟通等多个方面。

那么，企业应该如何重塑品牌的价值呢？以下是一些关键的策略。

一、消费者洞察与市场定位

品牌重塑的第一步是深入了解消费者。企业需要进行深入的市场研究，理解消费者新的价值观、生活方式以及购买行为。通过对这些信息的分析，企业可以找到品牌与消费者之间的共鸣点，从而重新定位品牌，确保品牌在市场中的独特性和相关性。这包括对目标市场的细分、把握潜在的增长机会，以及对消费者心理和行为的深入理解。

二、产品创新与服务升级

品牌的价值在很大程度上取决于它所提供的产品或服务。企业应该不断创新，推出符合市场需求的新产品和服务。这不仅包括产品功能的改进，还包括用户体验的提升。通过产品创新和服务升级，品牌可以重新吸引消费者的注意力，从而提高消费者对品牌的忠诚度。这就要求企业进行持续投资研发，关注行业趋势，倾听消费者的反馈。

三、品牌形象的现代化

随着社会的发展，品牌形象也需要与时俱进。企业应该审视现有的品牌视觉元素，如标志、色彩、字体等，看是否需要更新以适应现代审美。同时，品牌故事和品牌语言也需要更新，以更好地与年轻一代沟通。品牌形象的现代化不仅是外观的改变，而且还是品牌精神和价值观的更新。

四、数字化转型与社交媒体营销

在数字化时代，品牌重塑离不开数字营销。企业应该利用社交媒体、移动应用等数字平台，与消费者建立更直接的联系。通过内容营销、社交媒体互动等方式，品牌可以更有效地传达其价值观和讲述品牌故事，增强品牌在数字世界的影响力。数字化转型还包括利用大数据和人工智能来优化营销策略，提升客户体验。

五、可持续发展与社会责任

现代消费者越来越关注品牌的社会责任和可持续性。企业应该将可持续发展纳入品牌战略，通过环保、公益等行动，承担品牌的社会责任。这不仅能够提升品牌形象，还能够吸引那些具有相同价值观的消费者。品牌应该采取具体措施，如减少碳排放、使用可再生资源、支持公平贸易等，以实际行动支持可持续发展。

星巴克是品牌重塑的一个典型例子。面对日益激烈的咖啡市场竞争，星巴克通过推出新的咖啡品种、改进店内体验，以及加强数字化服务，成功地吸引了新老顾客。同时，星巴克还积极承担社会责任，通过公平贸易和环保行动，提升了品牌的社会形象。星巴克的案例表明，品牌重塑需要结合市场趋势、消费者需求和企业价值观，通过一系列策略的实施，实现品牌的全面升级。

品牌重塑是一个复杂而充满挑战的过程，它要求企业具备敏锐的市场洞察力、出色的产品开发能力，以及强大的品牌传播能力。通过上述策略的实施，品牌可以在变化的市场环境中找到新的生存和发展之路。品牌重塑不仅是形象的更新，还是品牌精神的重生，它将引领品牌走向更加辉煌的未来。在不断变化的商业竞争中，品牌重塑是企业持续发展的关键，它能够帮助品牌在激烈的市场竞争中保持领先地位，实现长远的发展。

2.5

营销的创新者：
创新营销策略的探索与实践

在当今日新月异的商业时代，营销已不再是简单的产品推广，而是一场涉及创意、技术与策略的全方位变革。营销的本质在于连接品牌与消费者，而创新则是这一连接的催化剂。在数字化、全球化的今天，营销人员必须拥抱变革，以全新的视角审视市场。那么，我们怎样才能实现这样的目标呢？我们可以从以下几个方面开展工作。

一、以用户为中心的营销策略——个性化体验的极致追求

在大数据和人工智能的赋能下，以用户为中心的营销策略已经成为企业获取竞争优势的关键。这种策略的核心在于深入挖掘用户数据，理解用户行为和偏好，从而提供个性化的产品和服务。例如，通过分析用户的在线行为，企业可以预测用户的购买意向，提前推送相关产品信息，或者根据用户的反馈调整产品特性。这种个性化的体验不仅能够提升用户的满意度，还能够增加用户的黏性和忠诚度。

二、故事化营销策略——情感共鸣的桥梁

故事是人类共通的语言，它能够跨越文化和语言的界限，触动人心。在营销中，品牌故事的讲述能够赋予产品以情感价值，建立起品牌与消费

者之间的情感联系。通过讲述品牌的起源、发展以及与用户生活息息相关的故事，企业不仅能够提升品牌形象，还能够在用户心中留下难以磨灭的印象。故事化营销要求营销人员具备叙事能力，能够将品牌信息融入引人入胜的故事中，让用户在享受故事的同时，自然而然地接受品牌信息。

三、社会化营销策略——互动与参与的新篇章

社交媒体的兴起彻底改变了人们的沟通方式，也为营销带来了新的机遇。企业可以通过社交媒体平台与用户建立直接的对话，倾听用户的声音，参与到用户的社交活动中。这种互动不仅能够提升品牌的社会影响力，还能够通过用户的口碑传播，扩大品牌的影响力。社会化营销要求企业不仅要有敏锐的社交媒体洞察力，还要具备快速响应用户需求的能力。

理论的创新需要通过实践来验证和完善。以下是一些具体的创新营销策略实践方法。

一、Virtual Reality（简称 VR，虚拟现实）和 Augmented Reality（简称 AR，增强现实）营销——沉浸式的体验革命

随着 VR 技术和 AR 技术的发展，企业可以探索如何利用这些技术为用户提供沉浸式的体验。例如，家具零售商可以让用户在虚拟环境中预览家具摆放效果，汽车制造商可以让用户在 AR 环境中感受驾驶的魅力。这种体验不仅增强了用户的购买决策信心，也为企业创造了新的营销机会。通过 VR 技术和 AR 技术，企业能够打破传统的展示方式，为用户提供更加直观和真实的产品体验。

二、游戏化营销——参与度与互动性的提升

游戏化营销是将游戏元素融入营销活动中，提高用户的参与度和互动性。例如，通过设计有趣的挑战和奖励机制，鼓励用户分享内容或参与活动，从而扩大品牌的影响力。游戏化营销不仅能够吸引用户的注意力，还能够通过游戏化的元素，让用户在娱乐中接受品牌信息，从而提高信息的传播效率。

三、内容营销的创新——价值创造的新途径

内容营销不再是简单的信息发布，而是需要创造有价值的内容，与用户建立长期的关系。这包括通过博客、视频、播客等形式，提供教育性、娱乐性或启发性的内容，以吸引和维持用户的注意力。内容营销的创新在于如何将品牌信息巧妙地融入用户感兴趣的内容中，让用户在享受内容的同时，自然而然地接受品牌信息。

在实践创新营销策略的过程中，企业可能会遇到各种挑战，如技术难题、用户接受度、法规限制等。面对这些挑战，企业需要灵活调整策略，不断试错，以找到最适合自身的营销路径。为此，我们要关注以下几个方面。

一、技术适应性——与时俱进的技术能力

随着技术的快速发展，企业需要不断更新自己的技术能力，以适应新的营销工具和平台。这意味着企业要投资于新技术的研发，或者与技术合作伙伴建立战略合作关系。企业应该关注最新的技术，如区块链、Internet of Things（简称 IOT,

物联网）等，并探索这些技术如何与营销策略相结合，以提升营销效率和效果。

二、用户教育——新技术的普及与接受

对于新兴的营销技术，用户可能需要一定的时间去适应和接受。企业应该通过教育营销，帮助用户理解新技术的价值，以及如何从中受益。这可以通过举办工作坊、发布视频教程、提供客户支持等方式实现。用户教育不仅能够提高用户对新技术的接受度，还能够为企业创造更多的用户反馈，帮助企业优化产品和服务。

三、法规遵从——合规性的保障

在创新营销的过程中，企业必须确保其活动符合相关法律法规。这需要与法律顾问紧密合作，以避免潜在的法律风险。企业应该建立合规性审查机制，确保所有营销活动都经过法律审核，同时，也要关注法规的变化，及时调整营销策略。

随着深入探索营销的创新领域，我们会发现，每一次成功的营销活动都是对市场深刻洞察的结果，都是对用户心理精准把握的体现，包含着对技术趋势敏锐捕捉的智慧。在这个过程中，我们不仅需要勇敢地去尝试，更需要智慧地去适应，用创新的思维去解决传统营销模式无法解决的问题。

营销的创新者正在不断地探索和实践新的营销策略，以应对日益复杂的市场环境。然而，创新之路充满挑战，企业必须保持灵活性，不断学习和适应，才能在这场营销浪潮中取得成功。在这个过程中，企业需要勇于尝试，不断优化，最终找到属于自己的创新营销之路。

PART

3

财务的稳健
之基

3.1

财务的体检师：
全面评估财务状况的健康度

企业的财务状况如同人体的健康状况，是决定其生存与发展的关键因素。然而，很多时候，一些企业对于自身的财务状况缺乏深入的了解，如同对待身体的亚健康状态，没有及时察觉和预防，直到问题变得严重才追悔莫及。因此，企业需要像体检师一样，对自身的财务状况进行全面的评估，及时发现潜在的问题，确保财务状况的健康。那么，怎样进行全面评估、发现问题并保证财务的健康呢？我们可以从以下几个步骤开展工作。

一、资产评估

资产评估是财务体检的基石。资产是企业进行生产经营活动的物质基础，如同人体的器官，每一个部分都发挥着重要的作用。流动资产、固定资产、无形资产等都是企业资产的重要组成部分，它们的健康度直接影响企业的运营效率和盈利能力。例如，过多的存货可能占用大量的流动资金，影响企业的现金流；而过多的应收账款则可能增加坏账的风险，影响企业的利润。因此，企业需要对各类资产进行定期的评估和审计，确保它们处于健康的状态。

二、负债评估

负债评估是财务体检中的另一个重要环节。负债是企业承担的债务，如同人体中的水分，适量的负债能够为企业提供必要的资金支持，而过多的负债则可能压垮企业。负债的健康度取决于负债的结构、规模和偿还能力。高杠杆经营的企业一旦遇到市场环境的变化或经济周期的波动，很可能因为无法按时偿还债务而陷入困境。因此，企业需要对负债进行精细化管理，合理安排债务结构，控制债务规模，确保企业的偿债能力。

三、盈利能力评估

盈利能力评估是衡量企业赚取利润能力的指标，如同人体的免疫系统，能够抵御外界的侵袭。企业的盈利能力取决于其产品或服务的市场竞争力、成本控制能力和经营管理水平。在竞争激烈的市场环境中，企业需要不断地提升自身的核心竞争力，降低成本，提高产品或服务的附加值。同时，企业还需要建立健全的内部控制体系和财务管理制度，确保盈利的稳定性和可持续性。

四、现金流评估

现金流评估是财务体检中的关键步骤。现金流是企业经营活动中产生的现金流量，如同人体的血液，是维持企业正常运转的必要条件。现金流的健康度直接影响企业的生存和发展。如果企业的现金流出现问题，可能会导致无法按时支付工资、供应商款项等严重后果。因此，企业需要密切关注现金流的变化趋势，合理安排资金的使用计划，确保现金流的稳定和充足。同时，企业还需要加强对应收账款的管理，提高现金回收率，保证现金流的质量。

五、风险管理

风险管理是对企业面临的各种风险的识别、评估和控制的过程。如同人体的穴位，每一个风险点都可能成为企业的致命弱点。企业需要对市场风险、信用风险、操作风险等进行全面的排查和评估，制定相应的风险防范措施和应对策略。同时，企业还需要建立健全的风险管理体系和内部控制体系，确保风险管理的有效性和及时性。

通过以上五个步骤的财务体检，企业可以全面评估自身财务状况的健康度。这不仅能够帮助企业及时发现潜在的问题和风险点，还能够为企业提供有针对性的改进建议和解决方案。

传统的财务评估依赖于标准的财务报表，如资产负债表、利润表和现金流量表。这些报表提供了企业财务状况的宏观视角，但缺乏对企业运营细节的深入洞察。在现代商业环境中，我们需要更全面、更动态的财务评估方法，这些方法主要包括以下几项内容。

一、数据驱动的财务分析

在大数据时代，企业拥有的数据量是前所未有的。通过运用先进的数据分析工具，我们可以从海量数据中提取出有价值的信息，对企业的财务状况进行更细致的分析。例如，通过对客户购买行为的数据分析，我们可以预测未来的销售趋势，从而调整库存和生产计划。这种数据驱动的方法不仅提高了财务预测的准确性，也为企业提供了一个更加灵活的财务策略。

二、财务健康指数

借鉴医学领域的健康指数概念，我们可以开发出一套财务健康指数，用以量化企业的财务状况。这些指数可以包括流动性比率、偿债能力比率、盈利能力比率等。通过这些指数，企业可以直观地了解自己的财务健康状况，并与行业标准进行比较。这种量化的方法有助于企业快速识别潜在的财务风险，并采取相应的措施。

三、财务风险地图

在商业地图上，企业可以通过财务风险地图来识别和规避潜在的财务陷阱。这张地图可以包括宏观经济因素、行业趋势、竞争对手动态等多个维度。通过实时更新的风险地图，企业可以提前做出调整，避免财务危机的发生。

四、财务透明度与沟通

在企业内部，财务透明度的提高可以促进更好地制定决策。通过定期的财务报告和沟通会议，管理层可以确保所有关键决策者都对企业的财务状况有清晰的了解。这种透明度不仅有助于内部管理，而且对外部投资者和合作伙伴至关重要。

五、财务弹性与适应性

在评估财务状况时，我们不仅要看企业的当前表现，还要考虑其在面对市场变化时的适应能力。一个具有弹性的财务体系能够更好地应对不确定，保持企业的长期、稳定发展。这包括拥有足够的现金储备、灵活的资本结构和多元化的收入来源。

总之，财务体检是企业健康管理的重要组成部分。通过全面的财务评估，企业不仅能够维护自身的财务健康，还能够为长远的发展打下坚实的基础。

3.2

成本的瘦身专家：
优化成本结构的艺术

在经营管理、企业运营乃至商界竞争中，成本是经营者非常关注的话题。在经营过程中，企业的经营者必须学会精打细算。以最小的投入，换取最大的利润，这是所有经营者希望达成的目标。在商业的广阔舞台上，成本管理被视作幕后的英雄，它悄无声息地支撑着企业的每一次华丽转身。然而，随着市场风云变幻，成本如同隐形的重担，悄然压在企业的肩上。如何巧妙地进行成本瘦身，不仅是一门科学，更是一门艺术。

成本管理的艺术在于平衡和创新。它要求企业在保持运营效率的同时，不断寻找降低成本的新途径。成本管理不是对财务数据的简单削减，而是要深入到企业运营的每一个细节中去。从原材料采购到产品制造，从物流配送到售后服务，每一个环节都蕴含着成本优化的潜力。企业需要像艺术家一样，用敏锐的眼光和创新的思维，去发现并利用这些潜力，将成本转化为企业成长的催化剂。

一、从削减到优化：成本瘦身的艺术

在成本管理的新篇章中，我们需要摒弃简单的削减思维，转而追求成本的优化，促进成本的自然下降。这种艺术性的优化，不仅能够提升企业

的竞争力，还能为企业的可持续发展奠定基础。

艺术性地优化成本，意味着我们不再仅仅关注数字的减少，而是要深入成本的每一个细节中去。这包括重新评估生产过程中的每一个环节，寻找那些可以通过技术升级、流程改进或管理创新来减少不必要支出的方法。例如，通过引入自动化设备来提高生产效率，或者通过改进生产方法来减少浪费。这样的优化不仅能够降低成本，还能提高产品质量，增强市场竞争力。

二、创新思维：成本瘦身的新引擎

创新是成本优化的不竭动力。无论是通过引入新技术来提高生产效率，还是通过重新设计产品以减少材料浪费，抑或是通过数字化转型来降低管理成本，创新思维都能显著降低企业的成本。

在数字化时代，创新思维的重要性愈发突显。企业可以通过引入先进的信息技术，如云计算、大数据分析和人工智能技术，来实现成本的大幅削减。例如，通过云计算服务，企业可以减少对昂贵硬件的依赖，同时提高数据处理的效率。大数据分析则可以帮助企业更好地理解市场需求，优化库存管理，减少库存过剩或缺货的情况。而人工智能的应用，如智能预测和自动化决策支持，可以进一步降低运营成本，提高决策的准确性。

三、流程再造：成本瘦身的精益之路

流程再造是成本瘦身的另一把利剑。通过彻底审视现有的业务流程，剔除那些低效且不必要的环节，企业能够实现成本的大幅削减。这不仅包

括生产流程，还包括供应链管理、客户服务等各个环节。精益管理的原则在这里发挥着至关重要的作用。

流程再造的核心在于识别并消除那些不增加价值的步骤。这要求企业对现有的工作流程进行彻底的审查，识别出那些冗余的、低效的或者完全不必要的活动。通过精益管理的方法，如价值流映射和持续改进，企业可以逐步优化流程，减少浪费，提高效率。这种优化不仅能够降低成本，还能提升客户的满意度，因为流程的简化意味着更短的响应时间和更好的服务质量。

四、数据驱动：成本瘦身的智能导航

在大数据和人工智能的时代，数据成为成本管理的新利器。通过收集和分析大量的运营数据，企业能够更准确地识别成本的来源，从而有针对性地进行削减和优化。这种数据驱动的成本管理，不仅提高了决策的科学性，也为企业的未来发展指明了方向。

数据驱动的成本管理要求企业具备强大的数据分析能力。这意味着企业需要在数据收集工具和数据分析工具上进行投资，并培养借助数据进行决策的企业文化。通过这些工具，企业可以实时监控成本动态，及时发现成本异常，并迅速采取措施。例如，通过分析历史销售数据，企业可以预测未来的销售趋势，从而更准确地规划生产和库存，避免库存过剩或缺货带来的成本损失。

五、文化重塑：成本瘦身的内在动力

成本瘦身不仅是技术和策略的问题，还是企业文化的一部分。通过培养员工的成本意识，鼓励员工参与成本节约的创新活动，企业能够形成一种自下而上的优化动力。这种文化的力量，将使成本瘦身成为企业持续改进的内在驱动力。

企业文化对成本管理的影响是深远的。以成本意识为核心的企业文化，能够激发员工的创新精神和责任感。员工不仅会在日常工作中寻找节约成本的方法，还会主动提出改进建议，参与到成本优化的项目中。这种自下而上的参与，不仅能够提高成本管理的效率，还能增强员工的归属感和忠诚度，为企业的长期发展注入强大的动力。

此外，企业还应该建立一个开放的沟通平台，让员工能够自由地分享他们节约成本的想法和经验。这种开放的沟通环境不仅能够激发员工的创新思维，还能够促进跨部门的合作，共同解决成本问题。通过这样的文化建设，企业不仅能够实现成本的短期削减，更能够建立起一种长期的成本控制机制，为企业的可持续发展奠定坚实的基础。

成本的瘦身专家，不仅仅是削减开支的能手，更是优化结构的艺术家。在这个过程中，创新思维、流程再造、数据驱动和文化重塑共同作用，为企业绘制出一幅成本优化的宏伟蓝图。

3.3
现金流的守护神：
现金流管理和优化的智慧

现金流如同人体的血液，是维持企业生存与发展的核心要素。然而，许多企业在发展过程中常常陷入现金流的困境，这些困境可能源自市场环境的突变、管理决策的失误，或是企业自身的运营问题。如何守护宝贵的现金流，使其成为推动企业持续发展的动力，以下几个方面应引起我们的关注。

一、现金流的全面监控

有效的现金流管理始于对现金流的全面监控。企业应建立一个实时的现金流监控系统，这包括但不限于每日的现金流入流出记录、现金流预测模型以及现金流分析报告。通过这些工具，企业能够清晰地看到现金流的实时状况，及时发现潜在的现金流紧张情况，并迅速采取应对措施。

在实施全面监控时，企业首先需要建立一个集中的财务管理平台，该平台能够整合来自不同部门和业务单元的财务数据。这个平台应该具备实时更新和报告功能，确保管理层能够随时获取最新的现金流信息。此外，企业还应定期进行现金流审计，以验证数据的准确性和完整性。

监控系统的另一个关键组成部分是现金流预测模型。这个模型应该基于历史数据和当前的业务活动来预测未来的现金流。企业可以通过调整模型参数，如销售增长率、成本变动率等，来适应市场变化和内部战略调整。预测模型的准确性对于企业制定现金流管理策略至关重要。

二、现金流预测与预算

现金流预测是现金流管理的前瞻性工具。企业应根据历史数据、市场趋势和业务计划，制定详细的现金流预算。这一预算不仅包括日常运营所需的现金流，还应考虑到季节性变化、市场波动以及可能的突发事件。通过精确的现金流预测，企业能够提前规划资金需求，避免现金流危机。

在制定现金流预算时，企业应采用滚动预算的方法，即每个月都更新预算，以反映最新的市场情况和内部变化。这种方法能够提高预算的灵活性和适应性。同时，企业还应建立一个现金流预警系统，当现金流出现异常波动时，系统能够及时发出警报，提醒管理层采取行动。

三、应收账款管理

应收账款是影响现金流的重要因素。企业应建立严格的信用政策，对客户的信用状况进行评估，并根据评估结果设定不同的信用期限和付款条件。同时，企业应采取有效的应收账款回收策略，如定期对账、提醒客户付款、提供折扣激励等，以加速应收账款的回收。

在信用政策的制定过程中，企业应考虑客户的信用历史、行业状况和经济环境。信用评估可以通过信用评分模型来实现，该模型可以综合考虑客户的财务状况、偿债能力和信用记录。信用政策的执行需要与销售部门紧密合作，确保信用政策得到有效执行。

四、应付账款的优化

在保证供应链稳定的前提下，企业应尽可能延长应付账款的支付周期。这可以通过与供应商协商更长的付款期限、采用电子支付减少银行手续费，以及利用供应链金融工具等方法实现。通过优化应付账款，企业可以提高现金流的流动性。

在优化应付账款时，企业应与供应商建立良好的合作关系，通过谈判争取更有利的付款条件。同时，企业应利用电子支付系统来简化付款流程，减少人工操作的时间和精力。供应链金融工具，如供应链融资和保付代理，可以帮助企业将应付账款转化为现金流，但企业在使用这些工具时应谨慎评估成本和风险。

五、库存管理

库存管理对于现金流的影响不容忽视。过多的库存会占用大量资金，而库存不足又可能导致销售机会的丧失。企业应实施精益库存管理，通过精确的需求预测、及时的补货策略以及有效的库存控制，确保库存水平既能满足市场需求，又不会造成资金的浪费。

在精益库存管理中，企业应采用先进的库存管理系统，如实时库存跟踪系统，以便准确掌握库存状况。此外，企业应定期进行库存盘点，确保库存数据的准确性。需求预测是库存管理的关键，企业可以通过历史销售数据、市场趋势分析以及季节性因素来预测未来的库存需求。

六、成本控制与效率提升

成本控制是现金流管理的重要组成部分。企业应持续寻找降低成本的机会，如流程优化、技术升级、外包非核心业务等方式。同时，提升运营效率也是现金流管理的关键，这包括提高生产效率、减少浪费、优化物流等。

在成本控制方面，企业应实施全面成本管理，从原材料采购到产品销售的每一个环节都要寻找节约成本的机会。流程优化可以通过引入自动化和数字化技术来实现，这不仅能减少人工成本，还能提高生产效率。技术升级可以提高产品质量，减少返工和退货，从而降低成本。

七、资金筹集与投资

在必要时，企业应考虑通过各种渠道筹集资金，如银行贷款、发行债券、股权融资等。同时，企业也应审慎投资，确保投资项目能够带来正向的现金流回报。在资金筹集和投资决策中，企业应充分考虑现金流的长期影响。

筹集资金时，企业应评估不同融资方式的成本和风险，选择最适合自身需求的融资渠道。例如，银行贷款可能提供较低的利率，但可能需要提供抵押物；股权融资虽无须抵押，但会稀释原有股东的股权。投资决策时，企业应对投资项目的现金流进行详细分析，确保投资能够带来预期的回报。

　　掌握现金流管理和优化的智慧，是带领企业在竞争激烈的市场中立于不败之地的关键。那些现金流管理得当的企业，能够在顺境中乘风破浪，也能够在困境中逆袭重生，成为行业的佼佼者。因此，深入研究和应用现金流管理的智慧，是一项必须且长期的任务。

3.4
风险的预警系统:
财务风险的评估与防范策略

在企业经营中,财务风险随时可能给企业带来致命一击,所以,如何防范财务风险,是企业经营者必须解决的一个问题。正如棋手不断布局以应对棋局的瞬息万变,企业也应建立一套完善的风险预警系统,以期在风险来临之前,就已经布好了防范的阵势。

一、财务风险的多维视角

传统的财务风险评估往往局限于资产负债表的静态分析,但现代企业面临的风险远比这复杂,我们需要从多个维度来审视财务风险。

(一)宏观维度

全球经济的发展、政策的变动、市场利率的升降,这些宏观因素都可能对企业的财务状况产生深远影响。例如,全球贸易紧张局势可能导致出口导向型企业的外汇风险增加,而利率上升可能增加企业的融资成本,影响其盈利能力。

(二)行业维度

行业的竞争态势、技术革新、消费者偏好的转变,这些行业特有的因素同样会影响企业的财务表现。在快速变化的科技行业中,企业可能因为未能及时跟上技术革新的步伐而面临市场份额的丧失。

（三）内部维度

企业的管理效率、成本控制能力、创新能力，这些内部因素是企业抵御外部风险的基石。内部管理不善可能导致成本失控，而缺乏创新精神则可能使企业在激烈的市场竞争中逐渐落后。

二、财务风险的动态评估

在快速变化的商业环境中，静态的财务分析已不足以应对风险。企业应建立动态的财务风险评估机制，这包括。

（一）实时监控

利用先进的信息技术，对财务数据进行实时监控，及时发现异常波动。例如，通过建立财务仪表盘，企业可以实时监控现金流、应收账款、存货等关键财务指标的变化。

（二）情景模拟

通过模拟不同的市场情境，预测不同情况下企业的财务表现，为决策提供支持。企业可以利用蒙特卡罗模拟和解析计算法等方法，模拟市场利率变动、汇率波动等对财务的影响。

（三）风险指标体系

建立一套全面的风险指标体系，包括流动性风险、信用风险、市场风险等，确保风险评估的全面性。例如，通过计算贝塔系数（被用于度量一个金融资产特别是股票的系统风险，又称市场贝塔）来衡量市场风险，通过计算债务比率来衡量信用风险。

三、财务风险的防范策略

有了对财务风险的全面认识，企业便可以采取以下相应的防范策略。

（一）多元化投资

通过投资不同行业、不同地域的项目，分散财务风险，避免"把所有鸡蛋放在一个篮子里"。多元化投资可以帮助企业在某一行业或市场出现衰退时，通过其他领域的盈利来弥补损失。

（二）稳健的财务政策

保持适度的负债水平，避免过度杠杆化，确保企业在经济波动时有足够的缓冲空间。企业应根据自身的现金流状况和行业特点，合理规划负债结构，避免因负债过高而陷入流动性危机。

（三）灵活的资金管理

建立灵活的资金调配机制，确保在紧急情况下能够迅速调动资金，应对突发事件。这包括建立应急资金池，以及与银行等金融机构保持良好的合作关系，确保在必要时能够获得必要的信贷支持。

（四）风险转移

通过保险、衍生品等金融工具，将部分财务风险转移出去，降低企业承担的风险。例如，企业可以通过购买汇率期权来对冲外汇风险，或者通过利率互换来管理利率风险。

四、财务风险的防范措施

为了更深入地进行财务风险的评估与防范，企业可以采取以下措施。

（一）建立风险文化

将风险管理融入企业文化，鼓励员工识别和报告潜在风险，提高整个组织对风险的敏感度和应对能力。

（二）定期风险审查

定期对企业的财务状况进行全面审查，识别新的潜在风险，并评估现有风险管理措施的有效性。

（三）持续教育与培训

对财务团队进行持续的教育和培训，确保他们能够掌握最新的风险评估工具和方法，以及最新的行业动态和法规变化。

（四）跨部门协作

财务部门应与其他部门（如销售部、采购部、研发部等）紧密合作，共同识别和评估风险，确保风险管理措施的全面性和有效性。

（五）利用外部专家

在必要时，可以聘请外部专家或咨询公司，为企业提供专业的财务风险评估和咨询建议。

构建财务风险预警系统，要求企业高层给予风险管理足够的重视。这不仅是财务部门的责任，也是整个组织的责任。高层领导要树立风险意识，将风险管理作为企业战略的一部分，确保资源的合理分配和有效利用。

风险管理是一个持续的过程，企业应定期对风险管理体系进行审查和更新，以适应不断变化的外部环境和内部条件。这包括对风险评估模型的定期校准，对风险应对策略的调整，以及对风险管理流程的优化。

通过分析历史案例，企业可以学习到在面对财务风险时的应对策略。例如，2008年金融危机期间，一些企业因为对市场风险的误判而遭受重创，而那些能够及时调整策略的企业则相对稳健。这些案例为企业提供了宝贵的经验，帮助它们在未来的风险管理中做出更明智的决策。

总之，财务风险的评估与防范是企业生存和发展的关键。通过建立和完善财务风险预警系统，企业不仅能够更好地预测和应对风险，还能够在风险中寻找机遇，实现可持续发展。要做到这些，就需要企业不断地学习和创新，将风险管理提升到一个新的高度。在这场与不确定性的博弈中，那些能够预见风险、管理风险的企业，将更有可能成为最终的赢家。

3.5

财务的导航仪：
制定长期财务战略的远见

商业世界如同一个不断演化的生态系统，企业的生存和发展不是线性的，而是充满了非线性的动态和突变。在这样的背景下，制定长期财务战略的远见显得尤为重要。这是因为有效的长期财务战略不仅能为企业提供稳定的现金流，更能帮助企业在不确定的市场环境中保持竞争力。

那么，如何制定具有远见的长期财务战略呢？下面为制定长期财务战略的七个关键步骤。

一、确立企业愿景与使命

企业愿景是其长期目标的蓝图，而使命则是企业存在的价值所在。在制定财务战略之前，企业首先需要明确这两个核心要素。愿景应当是鼓舞人心的，能够激励员工和吸引投资者。使命则需要清晰地阐述企业对社会的贡献和对客户的价值。这两者的确立，为企业的财务战略提供了方向和目标。

为了确保愿景和使命的实现，企业应当进行一系列的内部和外部沟通。内部沟通包括与员工的讨论会、工作坊，以及将愿景和使命融入企业文化和日常运营中。外部沟通则涉及与投资者、客户和合作伙伴的交流，确保他们理解并支持企业的战略方向。

二、深入分析市场和竞争环境

在明确了企业的长期目标后，企业需要对市场和竞争环境进行深入分析。这包括对行业趋势的洞察、竞争对手的分析以及潜在的市场机会的识别。企业应当利用大数据和人工智能等现代工具，收集和分析市场数据，以便更好地理解客户需求、市场动态和竞争格局。

在这一过程中，企业应当建立一个专门的市场研究团队，负责跟踪行业动态，定期发布市场研究报告。同时，企业还应当与行业分析师和咨询公司合作，以获取更深入的行业见解。此外，企业还应当关注新兴市场和技术，以便及时调整战略，抓住新的增长机会。

三、资本结构的优化

资本结构是企业财务战略的重要组成部分。企业需要根据自身的成长阶段、行业特性以及宏观经济环境来平衡债务和股权融资。成长型企业可能需要更多的股权融资来支持其扩张，而成熟企业则可能更倾向于利用债务融资来优化资金成本。企业应当通过谈判和市场操作来降低融资成本，同时确保流动性和偿债能力。

在资本结构的优化过程中，企业应当考虑多种融资工具，如银行贷款、债券发行、股权融资等。每种工具都有其优势和劣势，企业需要根据自身的财务状况和市场条件来选择最合适的融资方式。此外，企业还应当关注利率和汇率的变化，以降低外汇风险和利率风险。

四、投资决策的制定

投资决策是企业财务战略的关键环节。企业需要确定其投资策略，包括内部投资（如研发、生产设施升级）和外部投资（如并购、战略联盟）。在这一步骤中，企业应当运用风险评估和回报分析，确保每一笔投资都能够为企业带来长期的财务回报。企业应当建立一个严格的投资评估流程，包括财务分析、市场前景评估以及风险评估。

在制定投资决策时，企业应当考虑投资项目的长期价值和短期效益。对于内部投资，企业应当评估项目对现有业务的协同效应，以及对企业核心竞争力的提升。对于外部投资，企业应当进行全面的尽职调查，包括对目标公司的财务状况、管理团队、市场地位等进行深入分析。

五、财务风险管理

在财务战略中，风险管理是不可或缺的一部分。企业应当建立一套完善的风险管理体系，包括市场风险、信用风险、操作风险等。企业应当运用风险管理工具，如风险建模和压力测试，来提高风险管理的效率和准确性。同时，企业还应当制定相应的风险缓解措施，以减轻潜在风险的影响。

在风险管理的过程中，企业应当成立一个风险管理委员会，负责监督风险管理流程的执行。此外，企业还应当定期进行风险评估，确保风险管理策略与市场环境的变化保持同步。

六、财务透明度和沟通

财务透明度和沟通对建立企业信誉至关重要。企业应当定期发布财务报告，通过透明的财务信息披露，建立与股东、债权人、员工以及监管机构的良好沟通。企业应当成立一个专门的投资者关系部门，负责处理与投资者的沟通，增强投资者对企业的信任和理解。

在提高财务透明度的同时，企业还应当注重与员工的沟通。员工是企业的重要组成部分，企业的财务状况与员工息息相关。企业应当通过内部通讯、员工大会等方式，让员工了解企业的财务状况和战略方向。

七、持续监控与调整

财务战略不是一成不变的，它需要随着市场环境的变化而调整。企业应当建立一个监控机制，定期评估财务战略的执行情况，并根据市场反馈进行必要的调整。这种灵活性是确保财务战略能够适应市场变化的关键。

在监控和调整财务战略的过程中，企业应当建立一个反馈机制，收集来自内部和外部的反馈信息。这些信息可以帮助企业及时发现问题，调整战略。此外，企业还应当定期进行财务审计，确保财务报告的准确性和合规性。

制定长期财务战略是一个复杂而系统的过程，它要求企业具有远见卓识，能够洞察市场趋势、合理配置资源、管理风险，并与各方利益相关者保持良好的沟通。

通过上述七个步骤，企业将能够构建起一个坚实的财务战略框架，在这个框架下，企业不仅能够在短期内实现财务目标，还能够为长期的发展打下坚实的基础。随着市场环境的不断变化，企业需要不断地审视和调整其财务战略，以确保始终与企业愿景和使命保持一致，创造持续的价值。

PART 4

组织的重塑
与升级

4.1

结构的建筑师：
精心设计组织架构的优化路径

企业如同航行在波涛汹涌的大海上的船只，组织架构则是这艘船的骨架。当企业出现商业困局时，往往不是产品、服务或市场出了问题，而是内部的结构与流程出现了问题。组织架构，这个看似平常的概念，实际上是决定企业能否高效运转、持续创新和长远发展的核心要素。那么如何进行有效的组织架构呢？我们可以采取以下策略，优化组织架构。

一、构建灵活的组织结构

灵活性是组织架构优化的关键。企业应当摒弃传统的刚性层级体系，转而建立一个由多个小型、跨职能团队组成的网络结构。这样的结构能够快速响应市场变化，同时鼓励团队之间的协作和知识共享。具体来说可以从以下两个方面入手。

（一）去中心化与扁平化

去中心化意味着决策权的下放，扁平化则减少了管理层级。这样的结构可以让信息流通更加迅速，员工能够更快地获得决策信息，从而提高响应市场的速度。例如，Spotify 的"小分队"模式就是去中心化的典型例子，每个小分队负责一项产品或服务，拥有高度的自主权。

（二）跨职能团队的建立

跨职能团队由来自不同专业背景的员工组成，他们共同负责一个项目或任务。这种团队结构能够促进不同领域的知识和经验的交流，加速问题的解决。例如，苹果公司的 iMac 开发团队就是一个成功的跨职能团队案例，它将设计师、工程师和市场营销人员汇聚一堂，共同推动产品创新。

二、强化文化与价值观

文化和价值观是组织架构优化的基石。一个强大的企业文化能够引导员工，确保即使在组织结构发生变化时，员工也能够保持一致的行动方向。企业应当明确其使命和愿景，并将其融入组织架构的每一个层面。这就需要做到以下两点。

（一）使命与愿景的明确

企业的使命和愿景应当清晰地传达给每一位员工，成为他们日常工作的指导原则。这不仅能够增强员工的归属感，还可以确保团队在面对挑战时能够保持一致的方向。

（二）价值观的实践

企业应当通过各种方式将价值观融入日常运营中，如通过员工培训、绩效评估和激励机制等。这样，员工在日常工作中就能够自然地体现出企业的价值观，从而形成一种积极向上的组织氛围。

三、实施敏捷管理

敏捷管理强调快速迭代和持续改进。通过引入敏捷管理，企业可以缩短产品开发周期，提高市场响应速度。同时，敏捷管理也要求组织架构能够支持这种快速变化，例如通过设立敏捷团队和定期的迭代回顾会议。具体操作如下。

（一）敏捷团队的组建

敏捷团队通常由 7 到 9 人组成，每个成员都具备完成项目所需的多种技能。这种小型团队能够快速沟通和协作，缩短了决策和执行的时间。

（二）迭代回顾与持续改进

在每个迭代结束时，团队应当进行回顾，分析哪些工作做得好，哪些需要改进。这种持续改进的文化有助于团队不断优化工作流程，提高效率。

四、利用技术提升效率

技术是组织架构优化的强大工具。通过引入自动化、人工智能和大数据分析等技术，企业可以提高工作效率，减少不必要的层级，使决策过程更加透明和高效。技术的应用也能够帮助企业更好地理解市场和客户需求，从而做出更加精准的战略决策。具体来说需要完成以下工作。

（一）自动化与流程优化

自动化可以减少重复性工作，释放员工的精力，让他们专注于更有价值的任务。例如，通过引入 Robotic Process Automation（简称 RPA，机器人流程自动化）技术，企业可以自动化处理大量的数据输入和报告生成任务。

（二）数据驱动的决策

大数据分析可以帮助企业从海量数据中提取有价值的信息，支持决策。通过实时监控 Key Performance Indicator（简称 KPI，关键绩效指标），企业能够快速响应市场变化，调整策略。

五、赋能员工，激发创新

组织架构的设计应当从"控制"转向"赋能"。这意味着要构建一个平台，让员工自主地发挥创造力，解决问题。企业除了需要提供必要的资源和工具，还要鼓励员工尝试新方法，即使这意味着可能会失败。失败不再是禁忌，而是创新过程中的必经之路。为此，我们需要做到以下两个方面。

（一）提供资源与支持

企业应当为员工提供必要的资源，包括时间、资金和技术支持，以便他们能够进行创新尝试。同时，企业还应当构建一个支持的文化，鼓励员工提出新的想法，即使这些想法可能不会立即成功。

（二）建立容错机制

在创新的过程中，失败是不可避免的。企业应当建立一个容错机制，允许员工在尝试新方法时犯错，并从中学习。这种机制可以帮助员工克服对失败的恐惧，从而更加大胆地尝试实践新的想法。

六、实施动态资源配置与优化

在商业困局中，企业需要在资源有限的情况下做出最有效的决策。动态资源配置与优化策略能够帮助企业在不同阶段和市场条件下，灵活调整资源分配，确保关键业务和创新项目得到优先支持。这就需要做好以下几个方面的工作。

（一）资源优先级与灵活预算

企业应明确不同业务单元和项目的战略重要性，为它们设定资源优先级，并实施灵活的预算管理策略，允许在预算周期内根据实际情况调整资源分配。

（二）绩效导向的资源分配

将资源分配与团队和个人的绩效紧密联系起来。通过绩效考核，奖励那些能够有效利用资源并取得成果的团队和个人，激励全体员工提高资源利用效率。

　　这些策略并非孤立存在的，而是相互关联、相互支持，共同构成了企业优化组织架构的完整路径。每一步的实施都需要企业领导者的远见卓识和员工的积极参与。在这个过程中，持续的反馈和调整是必不可少的，因为市场环境和企业需求总是在不断变化。

4.2
决策的加速器：
提高决策流程的效率与速度

决策的速度和准确性是企业成功的关键因素之一。决策流程的效率与速度决定了企业的竞争力，而优化决策流程则是提高企业运营效率和市场竞争力的关键。以下是一些优化决策流程的新颖且具体的方法，旨在加速决策过程并提高其质量。

一、利用预测性分析

（一）决策加速器的核心工具

它通过模拟不同的市场和运营场景，为决策者提供一个虚拟的实验场。情景模拟允许企业在不承担实际风险的情况下，探索各种策略的可能后果。例如，汽车制造商可以模拟推出新车型后的市场反应，零售商可以模拟季节性促销活动对销售额的影响。这些模拟不仅帮助决策者预测结果，还能让他们在真实世界中做出更周全的决策。

（二）机器学习模型的模拟预测

通过利用历史数据，这些模型能够识别出市场趋势和消费者行为的模式。例如，一个电子商务平台可能会使用机器学习来预测哪些产品在未来几个月内可能会流行，从而提前调整库存和营销策略。这些模型的预测能力使得企业能够更快地响应市场变化，抓住机遇，同时避免潜在的风险。

二、引入行为经济学原理

（一）理解决策过程中的非理性行为

通过识别常见的认知偏差，如过度自信、锚定效应和群体思维，企业可以采取措施来减少这些偏差对决策的影响。例如，通过提供决策者关于市场和消费者行为的全面信息，可以减少信息偏差。同时，通过培训和教育，学会识别并纠正偏差，从而做出更理性的决策。

（二）激励机制设计对员工行为的规范

通过设计合理的奖励和惩罚体系，鼓励员工做出更符合企业长期利益的决策。例如，将员工的奖金与公司的长期业绩挂钩，可以避免员工为了短期利益而做出损害公司长期发展的决策。同时，合理的激励机制可以防止过度激励导致的短视行为，确保公司的整体利益。

三、实施动态决策流程

（一）强调决策的灵活性和适应性

迭代决策是一种持续的、基于反馈的过程，它允许企业在实施决策的过程中不断调整和优化。例如，一个软件开发团队可能会在产品开发的每个阶段进行代码审查，根据反馈调整开发方向，从而确保最终产品满足市场需求。

（二）实时监控决策风险

通过实时评估决策的风险，企业可以确保在风险可控的范围内快速行动。例如，一个金融公司可能会使用风险管理工具来监控市场波动对投资组合的影响，从而在必要时调整投资策略。

四、利用区块链技术

(一) 为决策提供更高层次的透明度和信任度

通过区块链记录决策过程，企业可以确保决策的可追溯性和公正性。例如，一个供应链管理平台可能会使用区块链来记录货物的来源和运输过程，从而提高供应链的透明度。

(二) 智能合约在决策执行中的应用

通过编写智能合约，企业可以将决策自动化，减少人为操作失误。例如，一个供应链金融平台可能会使用智能合约来自动处理供应商的付款，一旦货物到达目的地，合约就会自动执行付款。

五、创新决策工具的应用

(一) 决策树软件辅助决策

它通过可视化的方式展示了决策的各个分支和可能的结果，帮助决策者理解复杂决策的潜在影响。例如，一个项目管理者可能会使用决策树来评估不同项目的风险和回报，从而选择最佳的项目策略。

(二) Artificial Intelligence (简称 AI，人工智能) 辅助

AI 助手可以分析大量数据，提供决策建议，甚至模拟不同决策方案产生的潜在影响。例如，一个市场分析师可能会使用 AI 来分析消费者数据，预测市场趋势，从而为产品开发提供指导。

六、跨学科团队合作

（一）跨学科团队合作的多元化视角

通过组建由不同背景和专业知识的团队成员组成的决策小组，企业可以获取更全面的见解和解决方案。例如，一个产品设计团队可能包括工程师、设计师、市场营销专家和用户体验专家，他们共同工作，确保产品设计既具有技术可行性，又能满足市场需求。

（二）跨部门协作的高决策效率

通过鼓励不同部门之间的信息共享和协作，企业可以打破信息孤岛，促进知识的流动。例如，一个销售团队可能会与研发团队紧密合作，以确保新产品能够满足市场的需求。

七、决策的持续改进

（一）提升决策质量的关键

通过定期回顾和评估已实施的决策，企业可以从中吸取经验教训，不断优化决策流程。例如，一个项目管理团队可能会在每个项目结束后进行复盘，分析项目的成功和失败因素，从而改进未来的项目管理策略。

（二）创新实验室的平台功能

通过设立专门的创新实验室，企业可以测试新的想法和方法，为决策提供实验性的证据。例如，一个科技公司可能会在实验室中测试新的技术解决方案，以评估其在实际应用中的可行性和效果。

　　通过这些新颖的方法，企业不仅能够提升决策的速度，还能够确保决策的质量，从而在复杂多变的商业环境中保持竞争力。这些方法的实施，需要企业不断地学习和适应，但它们所带来的效益是显而易见的：更快地响应市场变化，更高的决策质量，以及更强的竞争优势。

4.3
文化的炼金师：
企业文化转型的创新实践

企业文化如同炼金师，能够将普普通通的金属转化为闪耀的黄金。然而，随着时代的变迁，旧的配方可能不再奏效，企业需要新的办法来重塑其文化，以适应不断变化的市场环境。传统的企业文化，往往根植于过去的成功经验，但这些经验在新的竞争格局中可能变得过时。因此，企业文化必须转型，以适应外部环境的变化，激发内部潜能，实现可持续发展。

一、文化 DNA 的重塑

企业文化的核心在于其价值观和行为准则，这些构成了企业的文化DNA。重塑文化 DNA 意味着重新定义企业的使命、愿景和核心价值观。这需要领导者的远见卓识，以及员工的广泛参与。具体来说要提高以下几个方面的认知。

（一）深度参与与共创

企业应该鼓励员工参与到文化重塑的过程中来，通过开放的讨论和共创工作坊，让每个员工都有机会表达自己对于企业文化的看法和期望。这种深度参与不仅能够增加员工的归属感，还能够确保新文化 DNA 被广泛接受和内化。

（二）案例研究与对标

企业可以通过研究行业内外的成功案例，来寻找文化转型的灵感。通过对标那些在文化转型上取得显著成效的企业，学习有效的策略和方法，避免在转型过程中走弯路。

（三）文化宣言的制定

企业应该制定一份文化宣言，简洁明了地阐述企业的核心价值观和行为准则。这份宣言将成为员工日常行为的指南，也是新文化 DNA 的宣言。

二、故事的力量

故事是文化的载体，也是变革的催化剂。企业可以通过讲述新的故事来传播变革的信息。这些故事可以是关于企业如何应对挑战、如何实现创新的案例，也可以是关于员工个人成长和团队协作的故事。讲好故事，需要从以下几个方面入手。

（一）故事的多样性

企业应该收集和传播多样化的故事，既可以有成功的经验，也可以有失败的教训，以及那些在变革中起到关键作用的个人故事。这些故事能够展示企业的多样性和包容性，引起员工的共鸣。

（二）故事的传播机制

企业需要建立有效的传播机制，可以通过内部通讯、员工会议、企业社交媒体等多种渠道来实现。同时，鼓励员工分享自己的故事，增强故事的影响力。

（三）故事与文化的互动

企业应该创造机会让员工参与到故事的创作中来，比如进行故事征集活动、员工博客等。这种互动不仅能够让员工更加深入地理解企业文化，还能够增强他们对变革的参与感和责任感。

三、仪式与象征

仪式和象征是文化传承的重要手段。企业可以通过设计新的仪式，如年度创新奖、团队建设活动等，来强化新的文化价值。同时，更新企业的标志、口号等象征元素，也是传递变革信息的有效方式。具体来说，可以从以下几个方面入手。

（一）仪式的创新

设计具有创新性的仪式，不仅形式新颖，更要有内容上的深度。比如，可以举办"创新马拉松"，让员工在限定时间内提出有新意的点子，从而能够激发员工的创造力，强化团队合作精神。

（二）象征元素的更新

企业的标志、口号等象征元素，是企业文化的直观体现。在文化转型的过程中，更新这些元素，可以向内部员工和外界传递变革的决心。这种更新应该是渐进的，以确保员工有足够的时间来适应新的文化象征。

（三）仪式与象征元素的整合

企业应该将仪式和象征元素整合到日常运营中，让它们成为企业文化的一部分。比如，可以在每周的团队会议上分享一个关于创新的故事，设置带有新文化象征元素的小物件。

四、领导力的示范

领导者是企业文化的塑造者和传播者。他们的行为和决策直接影响着企业文化的形成。因此，领导者需要以身作则来践行企业文化，如更加开放的沟通、更加积极的创新态度等。为此，需要注意以下几个方面。

（一）领导者的行为模式

领导者应该首先改变自己的行为模式，以符合新的文化价值观。比如，企业倡导开放沟通，领导者就应主动倾听员工的意见，鼓励员工提出不同的看法。

（二）领导者的决策风格

领导者的决策风格也应该与新的文化价值观相一致。如果企业鼓励创新，领导者就应该在决策时考虑更多的风险和可能性，而不是仅仅依赖过去的经验。

（三）领导者的激励机制

通过激励机制来强化新的文化价值观。比如，设立奖项来表彰那些展现出新文化特质的员工，或者在晋升和奖励中考虑员工对文化变革的贡献。

五、持续的反馈与调整

文化转型不是一次性的活动，而是一个持续的过程。企业需要建立反馈机制，定期评估文化转型的效果，并根据反馈进行调整。这可以通过以下步骤来实现。

（一）反馈渠道的建立

企业应该建立多元化的反馈渠道，包括匿名调查、员工建议箱、定期的员工满意度调查等。这些渠道可以让员工在不担心个人影响的情况下，提供真实的反馈。

（二）反馈的分析与应用

收集到的反馈数据需要被认真分析，并用于指导文化转型的下一步行动。这可能涉及对某些政策的调整，或者对某些文化实践的改进。

（三）文化的持续监控

企业应该定期进行文化审计，监控文化转型的进展和效果。这可以通过定性和定量的方法来实现，比如通过观察员工行为的变化，或者通过文化指标的跟踪。

（四）文化的适应性调整

随着市场和环境的变化，企业文化也需要不断地进行调整。企业应该保持灵活性，根据新的挑战和机遇，及时调整文化策略。

文化转型需要时间的沉淀，需要全员的参与，需要领导者的持续推动，更需要外部环境的适应。通过以上这些创新实践，企业可以有效地实现文化的转型，加快企业的发展步伐。

4.4
激励的火花：
创新员工激励机制的策略

企业要发展，要在商界竞争中取胜，要靠资金投入，要靠技术领先，但关键靠的还是人，也就是员工。人的因素是至关重要的，只有有了人，才可能会创造商界奇迹。在商业竞争中，如何激发员工的创新精神与工作热情是许多管理者日思夜虑的问题。这是因为在知识经济时代，人力资本是企业核心竞争力的重要组成部分，人们已经认识到，一支充满活力的员工队伍能够为企业创造不可估量的价值。那么，如何建设一支强大的员工队伍，激发员工的创新精神，为企业赢得最大的效益呢？我们可以从以下几个方面入手。

一、个性化激励：满足多样化需求

在现代企业中，员工的多样性是显而易见的。他们具有不同的文化背景，接受过不同层次的教育，有着不同的价值观和职业目标。因此，激励机制应当摒弃"一刀切"的做法，转而提供个性化的激励方案，使员工各尽所能。这种"菜单式"激励计划允许员工根据自己的偏好和目标选择奖励，比如给予更多的休假时间、专业发展机会、股权激励或者参与公司决策的权利。这样的激励机制不仅能够满足员工的个人需求，还能够提高他们的工作满意度和忠诚度。

为此，企业可以通过调查问卷、一对一访谈或工作坊来了解员工的个人目标和激励偏好。然后，企业可以设计出一系列激励选项，让员工在一定范围内自由选择。这种灵活性不仅能够提高员工的参与度，还能够促进员工与管理层之间的沟通，让员工可以更直接地表达自己的需求和期望。

此外，个性化激励还可以通过技术手段来实现。例如，企业可以开发一个在线平台，让员工根据自己的兴趣和能力选择培训课程，或者参与特定的项目团队。这样的平台不仅可以提高员工的学习效率，还能够促进跨部门的合作和知识共享。

二、内在动机：超越物质奖励

心理学家发现，内在动机是推动人们持续努力和创新的关键因素。当员工感到自己的工作有意义，能够对社会或他人产生积极影响时，他们的工作满意度和忠诚度会显著提高。因此，企业应当通过强调员工工作的社会价值，比如通过企业社会责任项目，让员工感受到自己的工作对世界的改变，看到自己的价值所在。这种激励方式不仅能够提升员工的自我价值感，还能够增强他们对企业的归属感，从而更积极努力地为企业服务。

企业可以通过故事讲述、员工表彰和社区参与等方式，让员工看到他们的工作是如何影响社会的。此外，企业还可以通过设立创新奖励、提供灵活的工作安排和支持员工的个人发展计划，来进一步增强员工的内在动机，这无论对员工个人还是对企业，都是互惠互利的好事。

三、持续学习：适应快速变化的环境

在这个知识更新迅速的时代，员工需要不断地学习新技能以适应时代的发展变化，正所谓与时俱进。企业应当提供一个支持学习和成长的环境，包括提供丰富的学习资源、培训机会以及鼓励员工参加行业会议和研讨会。同时，企业应该鼓励员工试错，从失败中学习，从而减少员工对创新的恐惧，使他们敢于尝试新事物。这样的文化氛围能够让员工在不断探索中找到成长的乐趣，从而持续地为公司创造价值。

企业可以设立内部培训学院，提供在线课程和工作坊，以及与外部教育机构合作，为员工提供认证培训。此外，企业还可以鼓励员工分享知识和经验，通过内部讲座、工作坊和知识共享平台来促进学习型组织的建设。

四、有效沟通：以透明度赢得信任

员工需要知道他们的工作对于公司实现整体目标起到怎样的作用，以及他们的努力会得到怎样的反馈。因此，有效的沟通对于激励员工同样重要。定期的反馈和认可不仅可以让员工感受到自己的价值，还可以帮助他们了解自己的表现和改进的方向。此外，透明的晋升路径和公正的绩效评估体系也是建立信任的关键。员工应当清楚地知道自己的努力能够得到公正的回报。

企业可以利用内部通信工具、定期的全员会议和部门会议来确保信息的及时传递。同时，企业还可以通过员工调查和反馈机制来收集员工的意见和建议，从而不断优化沟通策略。

五、可持续性：长期激励策略

激励机制应当具有可持续性。这意味着企业需要建立一个长期的战略，确保激励措施能够随着时间的推移而适应变化。这包括定期评估激励计划的效果，并根据员工反馈和市场变化进行调整。此外，企业还应当考虑如何通过激励机制来培养未来的领导者，为公司的长期发展打下坚实的基础。

企业可以实施长期股权激励计划，让员工分享公司的成长和成功。此外，企业还可以通过职业发展规划和领导力培训项目来挖掘员工的潜力，为他们提供发展和晋升的机会。

随着科技的发展，未来的激励机制会更加依赖于数据分析和人工智能。通过收集和分析员工的工作表现数据，企业可以更精确地了解员工的需求和偏好，从而提供更加个性化的激励方案。此外，随着远程办公和灵活工作制度的普及，如何设计能够跨越地理界限的激励机制，也是企业需要考虑的问题。

通过这样的全面策略，企业不仅能够激发员工的潜力，还能够在快速变化的商业环境中保持竞争力。激励员工，就是点燃创新的火花，让每一个员工都成为推动企业前进的动力，这样企业才能够发展壮大。

4.5
团队的黏合剂：
提升团队协作与沟通的艺术

在企业中，团队协作与沟通的重要性不言而喻。我们常说，团结就是力量，团队协作就是团结的一种体现。然而，我们常常遇到团队成员间发生摩擦、误解和信息不畅等问题，这些问题严重影响了团队的效率。因此，我们需要用"黏合剂"将团队成员团结在一起，让大家拧成一股绳，为共同的目标而奋斗。

团队的黏合剂，不仅仅是指那些能够促进团队成员之间相互理解和支持的策略，更是一种能够在团队内部激发创造力、提高效率、增强凝聚力的无形力量。

团队中的每个成员都是独一无二的个体，他们拥有不同的背景、经验和思维方式，这样的组合可以营造丰富多彩的企业文化，更能够充分发挥各自的优势，为企业的成功贡献力量。多样性是团队的宝贵财富，但同时对团队协作也是一种挑战。要将多样性转化为团队的优势，我们就需要培养一种称为"共情式沟通"的新型沟通方式。

共情式沟通强调的是对他人情感和观点的理解和尊重。它要求团队成员不仅要倾听对方的话语，更要尝试理解对方的情感和立场。这种沟通方式能够打破沟通的壁垒，促进团队成员之间的情感连接，从而增强团队的凝聚力。

在实践中，共情式沟通可以通过以下几个步骤来实现。

一、倾听的艺术

在团队讨论中，领导者和成员都应练习积极倾听。这意味着不仅要关注对方说了什么，还要关注他们是如何说的，以及他们的非语言信号，如肢体语言和面部表情。

二、反馈与确认

在对方表达完观点后，给予反馈，确认自己是否正确理解了对方的意思。这种确认可以是简单地重复对方的话，或者用自己的话重新表述对方的观点。

三、情感共鸣

当团队成员分享他们的感受和挑战时，尝试站在他们的角度去感受和理解，表达对他们情感的理解和支持，这样才会产生共鸣，达成共识。

四、开放性问题

提出开放性问题，鼓励团队成员深入探讨和分享感受，而不是仅仅停留在表面的问题上。

五、创造安全的环境

确保团队中的每个人都感到安全，可以自由地表达自己的想法和感受，而不必担心被评判或误解。

除了共情式沟通，另一个提升团队协作的关键因素是建立共同的目标和价值观。团队成员需要对团队的目标有清晰的认识，并且认同这些目标。

这种共同的目标感能够激发团队成员的内在动机，使他们愿意为了团队的成功而共同努力。

为了实现这一点，领导者可以采取以下措施。

一、明确愿景

清晰地传达团队的愿景和使命，确保每个成员都理解并认同这些目标。

二、角色分配

根据每个成员的能力和兴趣分配角色，确保每个人都能在团队中找到自己的位置，并为团队的成功作出贡献。

三、定期回顾

定期回顾团队的目标和进展，确保团队始终朝着正确的方向前进。

四、庆祝成功

当团队达成目标或取得成就时，不要吝于表扬和庆祝，这能够增强团队的士气和归属感。

五、持续学习

鼓励团队成员持续学习和发展，这不仅能够提升团队的整体实力，也能够增强团队成员的个人成就感。

最后，要提升团队协作与沟通的艺术，领导者还需要具备一种称为"赋能式领导"的领导风格。这种风格强调的是授权和信任，让团队成员有更多的自主权和决策权。赋能式领导不仅能够激发团队成员的潜力，还能够促进团队的创新和提高团队的灵活性。

赋能式领导的关键实践包括以下几个方面。

一、授权

给予团队成员足够的权利和资源，让他们能够自主完成任务。

二、信任

相信团队成员的能力，即使在面临挑战时也要给予他们支持。

三、反馈

提供及时和建设性的反馈，帮助团队成员成长和改进。

四、榜样

作为领导者，通过自己的行为示范，来展示团队的价值观和期望。

五、适应性

在面对变化和挑战时，展现出灵活性和适应性，引领团队应对不确定性。

在具体实施这些策略时，领导者需要不断地观察和调整。例如，可以通过定期的团队建设活动来加强成员之间的联系，或者通过工作坊和培训来提升团队的沟通技巧。此外，领导者还应该鼓励团队成员之间的跨部门合作，这样可以促进知识的交流和创新思维的碰撞。

在团队内部，可以建立一种开放的文化，鼓励成员提出新的想法和解决问题的方法。这种文化可以通过领导者的示范行为来建立，例如，领导者可以主动分享自己的想法，同时也鼓励团队成员提出批评和建议。

此外，领导者应该认识到，团队的融合和协作是一个持续的过程，需要不断地投入时间和精力。这意味着领导者需要定期评估团队的动态，识别可能存在的问题，并采取相应的措施来解决这些问题。

在面对挑战时，领导者应该展现出坚定的决心和清晰的方向，同时也要展现出对团队成员的信任和支持。这种领导风格可以帮助团队在面对困难时保持团结，共同迎接挑战。

总之，提升团队协作与沟通的艺术是一项复杂的任务，它涉及多个方面的策略和实践。通过实施共情式沟通、建立共同的目标和价值观，以及采用赋能式领导风格，团队可以更好地应对商业困局，实现持续的成功。领导者在这个过程中扮演着至关重要的角色，他们的行为和决策将直接影响团队的融合和协作效果。通过不断的学习和实践，领导者和团队成员都可以提升自己的能力，共同创造一个更加高效、和谐的工作环境。

PART

5

产品和服务的
创新引擎

5.1

产品生命周期的守护者：

管理产品发展周期的智慧

产品生命周期是指产品从研发、上市到退出市场的全过程。这一过程可分为导入期、成长期、成熟期和衰退期。企业需对各阶段的特点进行深入了解，以便制定相应的策略。

一、管理产品发展周期的智慧

（一）创新驱动

在导入期，产品刚刚问世，企业需通过创新来吸引消费者。这不仅包括技术创新，还有市场定位、品牌形象等方面的创新。企业需敢于冒险，勇于尝试，不断优化产品，使其在市场中独树一帜。

此时，企业应该采取差异化策略，通过 Unique Selling Proposition（简称 USP，独特的卖点）来吸引目标市场的注意力。这意味着要开发具有前瞻性的技术，或者提供与众不同的用户体验。同时，企业应该利用社交媒体和数字营销工具来创作品牌故事，与消费者建立情感连接。此外，企业还应该密切关注竞争对手的动态，以便在必要时调整策略，确保产品能够在激烈的市场竞争中脱颖而出。

（二）快速扩张

进入成长期，产品逐渐被市场接受，企业不仅需迅速扩大生产规模，提高市场份额，还要加强销售渠道建设，提高品牌知名度。在这一阶段，速度是企业成功的关键。

此时，企业应采取积极的市场扩张策略，包括但不限于增加广告投入、优化供应链管理、建立合作伙伴关系等。此外，企业应注重客户关系管理，通过提供优质的客户服务和支持，增强客户忠诚度。同时，企业应不断收集市场反馈，以便快速迭代产品，满足消费者日益增长的需求。

（三）持续优化

在成熟期，产品已占据一定的市场份额，企业需通过持续优化来保持竞争优势。这包括提高产品质量、降低成本、提高售后服务质量等。此外，企业还需关注消费者需求的变化，及时调整产品策略。

成熟期是企业巩固市场地位的关键时期。企业应通过持续的技术创新和流程优化来提高生产效率，降低成本。同时，企业应加强品牌建设，通过品牌故事和公益活动来提升品牌形象。在这一阶段，企业还应密切关注市场趋势，以便在必要时进行产品的研发创新或产品市场多元化开发，以维持产品的市场活力。

（四）敏锐洞察

在衰退期，市场对产品的需求逐渐减弱，企业需提前做好准备。这要求企业具备敏锐的市场洞察力，及时发现产品衰退的迹象，并迅速采取措施，如开发新产品、拓展新市场等，以保持企业的生命力。

此时，企业应采取战略性的撤退策略，逐步减少对衰退产品的资源投入，同时将资源转移到有增长潜力的新项目上。企业可以通过市场细分、产品线延伸或品牌重塑等方式，寻找新的增长点。此外，企业还应加强与消费者的沟通，了解他们的需求变化，以便更好地调整产品策略。

二、跨周期视角的管理智慧

（一）平衡发展

企业在管理产品生命周期时，需注重各阶段的平衡发展，避免过于侧重某一时段而导致其他阶段的资源不足，通过制定全面的战略规划，确保企业在不同阶段都能保持稳健的发展态势。

企业应建立一个多元化的产品组合，以分散风险并实现持续增长。这意味着在投资新产品的同时，也要维护和优化现有产品。企业还应建立灵活的组织结构，以便快速响应市场变化，实现资源的高效配置。

（二）资源整合

企业需有效整合内外部资源，以支持产品生命周期的管理。这包括研发资源、生产资源、市场资源等。通过合理配置资源，提高企业的整体竞争力。

企业应建立跨部门的协作机制，确保研发、生产、销售和市场等各个环节的紧密配合。同时，企业应利用外部资源，如供应商、分销商和合作伙伴，以降低成本，提高效率。此外，企业还应注重知识产权的保护，确保技术创新的成果不被竞争对手轻易复制。

（三）风险控制

企业在管理产品生命周期的过程中，不可避免地面临各种风险。因此，加强风险管理至关重要。企业需建立健全的风险预警机制，及时发现并应对潜在风险，确保企业的稳定发展。

企业应建立全面的风险管理体系，包括市场风险、财务风险、供应链风险等。通过定期的风险评估和模拟，企业可以提前发现潜在问题，并制定应对策略。此外，企业还应制订应急计划，以应对不可预见的突发事件。

（四）团队协作

管理产品生命周期需要企业内部各部门间的紧密协作。企业应培养团队协作精神，打破部门壁垒，加强信息共享与沟通，确保各项策略的有效实施。

企业应集思广益，鼓励员工提出意见和建议。通过团队建设活动和激励机制，企业可以提高员工的参与度和忠诚度。同时，企业还应定期进行培训，帮助员工提升技能，以适应不断变化的市场环境。

（五）人才培养

人才是企业发展的核心动力。企业应重视人才培养与引进，为各阶段的管理提供有力的人才保障；通过定期培训、激励措施等手段，提高员工的综合素质与专业技能。

企业应制订人才发展计划，为员工提供职业发展路径。通过内部晋升和外部招聘，企业可以确保拥有一支高素质的团队。此外，企业还应注重员工的心理健康和工作生活的平衡，以提高员工的工作效率和满意度。

（六）企业文化

企业文化是企业的灵魂，对管理产品生命周期具有深远影响。企业应塑造积极向上的企业文化，激发员工的创造力与凝聚力，使员工愿意共同为企业的长远发展努力拼搏。

企业文化应与企业的战略目标相一致，通过价值观、使命和愿景来引导员工。企业应鼓励创新和持续学习，为员工提供一个充满挑战和机遇的工作环境。同时，企业还应注重社会责任，通过公益活动和可持续发展实践，提升企业的社会形象。

（七）动态调整

市场环境时刻在变化，企业的产品策略也应随之调整。企业应建立灵活的战略规划流程，确保能够快速响应市场变化。通过定期回顾并进行战略调整，企业可以确保其产品策略始终与市场需求保持一致。此外，企业还应利用数据分析和市场研究，为决策提供科学依据。

5.2
服务创新的实验室：
服务模式创新的前沿探索

在传统商业模式中，产品是企业与消费者之间的桥梁。然而，随着消费者需求日益多样化和个性化，单纯的产品销售已难以满足市场的需求。服务创新，尤其是服务模式的创新，成为企业新的增长点。它不仅能够提升客户体验，还能为企业创造新的收入来源，实现价值的最大化。在这一过程中，企业需要重新审视自身的核心竞争力，将服务作为品牌价值的重要组成部分，通过服务创新来提高品牌影响力和市场竞争力。

服务模式创新不仅仅是服务内容的更新，更是一种全新的价值创造方式。它涉及服务提供的方式、服务交付的过程，以及服务与产品之间的关系。这种创新要求企业跳出传统的思维框架，从用户体验的角度出发，重新设计服务流程，实现服务的个性化、智能化和生态化。服务模式创新的核心在于它能够更好地满足消费者的需求，同时提高企业的生产效率和降低企业的生产成本。

一、服务模式创新的前沿探索

（一）个性化服务定制

利用大数据和人工智能技术，企业可以深入分析消费者行为，提供个性化的服务。这种服务模式能够根据消费者的偏好、历史消费行为和实时反馈，定制专属的服务方案。例如，在线教育平台可以根据学生的学习进度和理解能力，提供个性化的服务。这种模式不仅提升了学习效率，也提高了用户转化率和对平台的黏性。个性化定制服务的关键在于数据的收集、分析和应用，企业需要提升自身的数据分析能力，以确保服务的精准性和有效性。

（二）让服务成为产品

在数字化时代，服务本身可以成为产品。Software as a Service（简称SaaS，软件即服务）模式就是一个很好的例子。企业通过提供在线软件应用，不仅降低了客户的初始投资成本，还实现了持续的收入流。SaaS模式的优势在于，它能够快速响应市场变化，通过云平台的弹性扩展，满足不同规模企业的需求。此外，SaaS模式还促进了软件的标准化和模块化，降低了开发和维护成本。企业在采用SaaS模式时，应注重用户体验，确保服务的易用性和稳定性，以建立良好的市场口碑。

（三）共享经济

共享经济模式通过优化资源配置，降低了服务成本，提高了服务效率。这种模式鼓励用户共享资源，如共享出行、共享住宿等，不仅满足了消费者的需求，也为企业提供了一个全新的市场空间。共享经济的核心在于平台的建设和运营，企业需要构建一个高效、可靠的平台，确保资源的合理分配和交易的安全性。同时，共享经济也面临着监管挑战，企业在创新的同时，也应关注合规性，确保业务的可持续发展。

（四）生态系统构建

企业不再是单一的服务提供者，而应构建一个服务生态系统，与合作伙伴共同创造价值。这种模式强调的是协同效应，通过整合上下游资源，提供一站式解决方案，提高了服务的整体价值。生态系统的构建需要企业具备开放的心态和强大的资源整合能力。企业应寻找互补的合作伙伴，共同开发新的服务产品，实现资源共享和价值共创。生态系统的构建不仅能够提升服务的多样性和深度，还能够为企业带来更广阔的市场前景。

二、服务模式创新的实践路径

（一）跨界合作与资源整合

企业应积极寻求跨界合作，整合不同领域的资源，共同开发新的服务模式。这种合作可以是技术、数据、渠道等多方面的。例如，传统制造业企业可以与互联网公司合作，利用互联网技术提升生产效率和改善服务体验。跨界合作能够帮助企业打破行业壁垒，拓宽视野，实现创新突破。

（二）以用户体验为中心

在服务模式创新的过程中，始终要以用户体验为中心。企业需要建立用户反馈机制，通过用户调研、数据分析等方式，深入了解用户需求，不断优化服务流程，提升服务质量。用户体验的提升不仅能够提高用户的满意度和忠诚度，还能够通过口碑效应吸引更多的潜在客户。

（三）持续创新与快速迭代

服务模式创新是一个持续的过程。企业需要建立快速响应市场变化的机制，通过不断更新、扬长避短、汲取经验和吸取教训，进行快速迭代，以适应不断变化的市场需求。这就要求企业具备灵活的组织结构和创新文化，鼓励员工提出新想法，勇于尝试新方法。同时，企业还应关注行业动态，把握技术发展趋势，确保服务模式的前瞻性和竞争力。

（四）数字化转型

随着数字技术的快速发展，数字化转型已经成为企业服务创新的重要方向。通过运用大数据、人工智能、云计算等技术手段，企业可以实现服务的智能化、个性化和高效化。例如，利用人工智能技术进行智能客服，提高客户服务的效率和满意度；通过云计算搭建云服务平台，提供灵活、可扩展的数字化服务。

（五）线上线下融合

线上线下融合是另一种值得关注的服务模式创新方向。通过将线上线下的资源和服务进行整合，企业可以提供更加便捷、高效的服务体验。例如，一些零售企业通过开设线上商城和线下实体店，实现线上线下融合发展；一些餐饮企业则通过线上预订、线下取餐等方式，提供更加便捷的服务体验。

5.3
用户体验的升级者：
提升用户满意度的策略

在 User Experience（简称 UE，用户体验）设计领域，Customer Journey Map（简称 CJM，用户旅程图）是一种强大的工具，它帮助企业深入理解用户与产品或服务互动的全过程。通过绘制用户旅程图，企业能够洞察用户的需求、痛点和情感变化，从而提升用户体验。

用户旅程图不仅仅是一张简单的图表，而是一种深入挖掘用户行为和情感的工具。这张图通过将用户的体验过程分解为一系列阶段，帮助企业识别用户在每个阶段的具体行为、所面临的挑战以及他们的情感反应。这种细致的分析使得企业能够更加精准地定位用户体验的优化点，从而提升整体的服务质量。那么，我们如何绘制用户旅程图呢？

一、绘制用户旅程图的详细步骤
（一）确定目标用户群体

在开始绘制用户旅程图之前，企业首先需要明确目标用户群体。这需要通过市场调研、用户访谈和数据分析来完成。目标用户群体的确定基于用户的年龄、性别、职业、兴趣等，以及他们的购买行为和使用习惯。这一步骤对于确保旅程图的针对性和有效性至关重要。

（二）识别关键触点

触点是用户与产品或服务互动的每一个接触点。企业需要识别并列出所有可能的触点，包括线上和线下渠道。例如，用户可能通过搜索引擎、社交媒体、广告、朋友推荐等方式接触到产品。在识别触点时，企业应考虑用户的整个购买路径，确保旅程图能够全面反映用户的体验。

（三）描述用户行为

在每个触点上，企业需要详细描述用户的行为。这包括用户如何浏览网站、如何与产品互动、如何进行购买决策等。描述应具体到用户的操作步骤，以及他们在每个步骤中可能遇到的问题。这有助于企业理解用户的使用习惯，以及产品设计是否符合用户预期。

（四）捕捉用户情感和想法

用户在与产品或服务互动过程中的情感变化是用户旅程图的重要组成部分。企业可以通过用户访谈、调查问卷、用户反馈等方式来捕捉这些情感。了解用户在每个触点上的情感状态，可以帮助企业识别哪些环节能够提升用户的满意度，哪些环节可能导致用户的不满。

（五）识别问题和痛点

在用户旅程图上，每个阶段都可能存在问题和痛点。这些问题可能是由于产品设计不合理、信息不清晰、操作复杂等造成的。企业要通过用户旅程图来识别这些问题，并分析其背后的原因。这有助于企业找到改进的方向，从而提升用户体验。

（六）优化和迭代

用户旅程图的绘制并非一次性任务，而是一个持续的过程。企业应基于旅程图的分析结果，对产品或服务进行持续的优化。这包括改进用户界面、简化操作流程、提供更好的用户支持等。企业还应定期收集用户反馈，根据反馈调整旅程图，确保其始终反映最新的用户体验。

二、利用用户旅程图提升用户体验

（一）发现改进机会

用户旅程图揭示了用户体验中的薄弱环节，企业可以通过识别这些环节来找到提升用户体验的机会。例如，如果用户在结账过程中频繁出现放弃支付的现象，这可能意味着支付流程存在问题。企业可以通过优化支付流程，如减少支付步骤、提供多种支付方式等，来减少用户的流失。

（二）优化用户流程

用户旅程图可以帮助企业识别流程中的冗余步骤，从而简化用户的操作流程。例如，简化注册流程或提供一键购买功能，可以显著提高用户的转化率和满意度。通过优化流程，企业可以提高用户的购买率，减少用户的挫败感。

（三）增强情感连接

好的情感体验对于提升用户的满意度至关重要。企业可以通过旅程图来识别用户情感的高潮和低谷，然后在这些关键时刻提供额外的支持。例如，通过发送个性化的问候信息等，可以增强与用户的情感连接，提升用户的忠诚度。

（四）个性化体验

用户旅程图揭示了不同用户群体的需求差异。企业可以根据这些差异提供个性化的体验。例如，新用户可能需要更多的引导和帮助，而老用户可能更关心产品的新功能和优惠。通过提供个性化的体验，企业可以更好地满足不同用户的需求。

（五）提升沟通效率

用户旅程图可以作为跨部门沟通的工具，帮助团队成员理解用户的整体体验。设计师、开发者、市场营销和客户服务团队都可以从用户旅程图中获得信息，共同为提升用户体验而努力。这种跨部门的协作可以确保用户体验的一致性和连贯性。

（六）持续监测和改进

用户的需求和市场环境是不断变化的，因此用户旅程图也需要不断更新。企业应定期进行回顾，根据最新的用户反馈和市场趋势调整用户旅程图。这种持续的监测和改进有助于企业保持竞争力，适应市场的变化。

用户旅程图是提升用户体验的有力工具。它不仅帮助企业深入理解用户，还提供了一个清晰的框架来指导企业进行产品和服务的优化。通过绘制和分析用户旅程图，企业能够发现并解决用户的问题，提升用户的情感体验。

5.4
新产品的孵化器：
新产品开发策略的创新思维

新产品开发不仅是企业持续发展的动力，更是应对市场变幻的重要武器。如何让新产品在市场中独树一帜，成功引领潮流，不仅需要深入理解市场需求，更需要创新思维的引导。

一、打破传统思维定式：创新的起点

创新思维的起点在于敢于挑战和打破传统的思维定式。企业在产品开发过程中往往受限于过去的成功经验，这种惯性思维可能会限制企业进行创新。市场环境和消费者需求的快速变化要求企业必须勇于跳出舒适区，以全新的视角审视问题，探索未知的可能。

以小米为例，这家以互联网模式起家的公司，通过打破传统手机行业的销售和营销模式，推出了高性价比的智能手机，迅速在市场中占据了一席之地。小米的创新不仅仅是产品本身，更是对传统商业模式的颠覆，它通过线上销售和社区营销，降低了成本，提高了效率，从而在竞争激烈的手机市场中找到了新的增长点。

二、以用户为中心的产品设计：创新的核心

在新产品的开发过程中，用户需求始终是产品设计的核心。企业应深入挖掘用户的痛点，提供切实可行的解决方案。这种以用户为中心的设计思维，能够帮助新产品迅速在市场中站稳脚跟，赢得用户的青睐。

例如，华为通过深入研究摄影爱好者的需求，推出了具有专业级摄影功能的 P 系列手机。P 系列手机提供了丰富的摄影模式和后期编辑功能，满足了用户对高质量摄影体验的追求，从而在高端手机市场取得了显著的市场份额。

三、创新驱动的技术研发：创新的动力

技术是推动产品创新的重要动力。企业应持续加大技术研发的投入，探索新技术、新工艺，为产品创新提供源源不断的动力。同时，紧跟行业发展趋势，把握技术潮流，是企业在市场变革中抢占先机的关键。

例如，专注于无人机研发的大疆公司，通过不断的技术创新，推出了多款具有革命性的无人机产品。大疆的无人机不仅在航拍领域取得了巨大成功，还拓展到了农业、建筑、救援等多个领域，其产品的稳定性、智能化和易用性，使其在全球市场上遥遥领先。

四、灵活应对市场变化：创新的应变

市场是检验产品创新成果的试金石。企业在产品开发过程中，应保持敏锐的市场洞察力，及时调整产品策略以适应市场的变化。建立快速响应机

制，在市场机遇或挑战出现时迅速做出决策，是企业保持领先地位的关键。

例如，面对移动互联网的快速发展，字节跳动迅速推出了短视频平台抖音。抖音通过算法推荐系统，为用户提供个性化的内容，迅速吸引了大量年轻用户。在面对市场竞争和监管时，字节跳动不断调整策略，优化内容生态，确保了平台的健康发展。

五、构建开放的创新生态：创新的共赢

在当今时代，创新不再是企业单打独斗的过程，而是一个多方参与、协同作战的生态系统。企业应积极寻求与外部资源的合作，如研究机构、高校、供应商等，共同开展技术研发和市场推广。通过构建开放的创新生态，企业能够加速创新进程，降低创新风险，实现共赢。

例如，阿里巴巴通过其云计算平台阿里云，为中小企业提供了强大的技术支持和服务。阿里云不仅帮助这些企业降低了企业的成本，还通过开放平台鼓励开发者和合作伙伴共同创新，形成了一个繁荣的云计算生态。这种开放的合作模式，不仅推动了技术创新，也为整个行业的发展注入了新的活力。

六、数据驱动的决策：创新的精准

在大数据时代，数据成为企业决策的重要依据。企业应利用数据分析工具，对市场趋势、消费者行为进行深入分析，以数据驱动的决策来指导新产品的开发。这种基于数据的决策方式，能够帮助企业更精准地把握市

场脉搏，提高新产品的成功率。

例如，腾讯通过其强大的数据分析能力，对用户在社交平台上的行为进行深入分析，从而推出了多款符合用户需求的社交应用程序。微信的推出，就是基于对用户沟通习惯和社交需求的深刻理解。微信不仅提供了即时通信功能，还集成了支付、游戏、新闻等多种服务，成为中国市场上最具影响力的社交平台之一。

七、绿色创新与可持续发展：创新的责任

当前，绿色创新成为企业新产品开发的重要方向。企业应将环保理念融入产品设计和生产过程中，开发低碳、节能、可回收的产品，以满足日益增长的绿色消费需求。这种绿色创新不仅有助于企业建立良好的形象，还能够开拓新的市场。

以比业迪为例，这家公司最初依靠电池技术，后通过绿色创新，成功转型为全球领先的新能源汽车制造商。比亚迪的电动汽车不仅减少了对化石燃料的依赖、降低了碳排放，还通过技术创新提高了电池性能和车辆安全性，影响了新能源汽车行业的发展趋势。

八、持续迭代与快速转型：创新的加速器

在新产品开发的过程中，持续迭代和快速转型是加速创新的关键方法。企业应采用敏捷开发流程，快速进行转型并进行市场测试，以便在早期阶段就发现并解决问题。这种方法允许企业在产品开发过程中不断学习和适

应，确保产品能够快速响应市场的反馈，从而缩短产品上市时间并提高成功率。

例如，小米通过与用户社区紧密合作，实现了 MIUI 系统的快速迭代。用户可以直接参与到系统的改进和新功能的测试中，这种开放的反馈机制使得 MIUI 系统能够迅速吸收用户意见，不断提升用户体验，从而在竞争激烈的智能手机市场中保持领先地位。

5.5

创新的火花：

持续推动创新文化的实践

创新文化，是组织内部形成的一种鼓励创新、包容失败、注重合作的氛围。它强调个人创造力的发挥，同时注重团队协作，通过集体智慧推动企业不断进步。

创新文化对于企业发展的价值主要体现在以下几个方面。

一、提高企业核心竞争力

在竞争激烈的市场环境中，企业必须不断推陈出新，才能在竞争中立于不败之地。创新文化能够激发员工的创造力，为企业带来独特的竞争优势。

二、促进企业可持续发展

创新是企业发展的原动力，只有不断创新，企业才能在市场中立于不败之地。创新文化能够帮助企业建立持续创新机制，实现可持续发展。

三、提升员工工作满意度

在创新文化的熏陶下，员工能够充分发挥自己的创造力，实现个人价值。同时，这种文化氛围也能让员工更有归属感和成就感，提高工作满意度。

一、创新文化的基石：开放与包容

在构建创新文化的过程中，开放性是至关重要的。这要求企业打破传统的组织结构，创造一个能够促进信息自由流通的环境。开放的企业文化鼓励员工跨越部门界限，分享知识和经验，从而促进跨领域的合作。这种开放性不仅体现在物理空间上，如开放式办公环境，更体现在心理层面，即员工能够自由地表达自己的观点和想法，而不必担心被批评或忽视。

包容性则是创新文化的另一个核心要素。在创新的过程中，失败是不可避免的。企业需要培养一种文化，让员工理解失败是创新过程中的一部分，是通往成功的必经之路。这种文化应该鼓励员工从失败中吸取教训，而不是惩罚员工。通过创造一个安全的环境，使员工愿意尝试新的方法，即使这些方法可能存在风险。

二、激励机制：点燃创新的火花

激励机制是推动创新的关键。企业应该设计一套全面的激励体系，这套体系不仅包括物质奖励，如奖金、股权激励等，还应该包括非物质激励，如职业发展机会、个人成就的公开认可等。这种激励机制应该与企业的创新目标紧密相连，确保员工的努力能够得到及时和公正的回报。

此外，企业还可以通过设立"创新基金"来支持员工的创新项目。这种基金可以用于资助那些具有潜力但尚未成熟的创意，帮助员工将想法转化为实际的产品或服务。同时，企业还应该为创新项目提供必要的资源，如时间、资金和技术支持，确保员工有足够的条件去将他们的创新点付诸实践。

三、持续学习：创新的燃料

在知识更新换代加快的今天，持续学习是保持创新能力的关键。企业应该创建一个学习型组织，鼓励员工不断更新自己的知识库。这可以通过内部培训、外部研讨会、在线课程等多种方式实现。企业还应该鼓励员工参与行业交流，如参加行业会议、加入专业社群等，以便及时了解最新的行业动态和技术发展趋势。

为了促进学习，企业可以设立"学习日"，在这一天，员工可以暂时放下日常的工作任务而专注于自我提升。同时，企业还可以通过内部知识分享平台，让员工之间的知识和经验得以传播。这种平台可以是线上的论坛、博客，也可以是线下的研讨会和工作坊。

四、领导力的作用：引领创新的方向

领导者在创新文化中扮演着舵手的角色。他们需要展现出对创新的坚定承诺，通过自己的行为来激励员工。领导者应该具备前瞻性思维，能够洞察市场变化，把握行业趋势，为企业提供创新的方向。同时，领导者还需要具备变革的勇气，敢于改变现状，推动企业进行必要的变革。

为了更好地发挥领导力，企业可以实施"领导力发展计划"，通过培训和实践，提升领导者的创新能力和领导技能。此外，领导者还应该学会倾听员工的意见和建议，这样才能真正激发员工的创新潜力。

五、实践案例：创新文化的落地

理论需要通过实践来验证。例如，谷歌的"20% 时间"工作制度就是一个成功的实践案例。这项政策允许员工将 20% 的工作时间用于自己感兴趣的项目上，这不仅激发了员工的创造力，也带来了许多创新产品，如 Gmail 和 AdSense。另一个例子是宝洁公司的"联系＋发展"战略，该战略鼓励员工与外部创新者合作，共同开发新产品，这种开放的合作模式极大地加速了创新过程。

如果你是一家互联网公司的老板，你可以通过营造开放的组织氛围，鼓励员工提出创意并自主组建项目团队。公司搭建内部创意平台，员工可以随时提交自己的创意并参与讨论。同时，公司提供充足的资源支持员工进行创新活动，如投资孵化器、举办创意大赛等。这种创新文化能够激发员工的创造力，为公司带来许多新颖的产品和服务项目。

如果你是一家制造型企业，面临市场竞争力下降的困境，你可以通过培养创新文化实现转型升级。公司领导层积极引导员工进行创新思考，鼓励跨部门合作与交流。同时，公司建立完善的激励机制，对创新成果给予奖励。经过努力，如果你的企业能够成功开发出更多新产品，市场竞争力将会大幅提升。

在实践中，企业还应该定期评估创新文化的效果，通过员工满意度调查、创新成果的统计等方式，了解创新文化的实际影响。根据评估结果，企业可以调整激励机制、学习计划等，确保创新文化能够持续发展。

创新文化需要企业营造一个充满活力的创新环境。在这个环境中，每一位员工都能够成为创新的参与者。通过不断地培育开放与包容的环境，激发员工的创新潜能，企业才能够适应市场的快速变化，抓住时代的机遇。

PART **6**

营销与销售的
新篇章

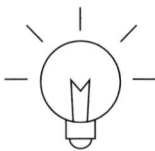

6.1
渠道的探索者：
评估与优化营销渠道的策略

在商业的海洋中，渠道就像是企业的航道，正确的渠道策略能够引领企业驶向成功的彼岸。随着市场环境的不断变化，企业需要像探险家一样，勇敢地探索未知的渠道领域，寻找那些能够带来新机遇的蓝海。在这个过程中，企业不仅要关注渠道的直接销售效果，还要考虑渠道对品牌建设、市场渗透、客户关系管理等方面的综合影响。为此，我们需要关注以下几个方面。

一、评估现有渠道

评估现有渠道是优化渠道策略的第一步。这一过程需要设置一套全面的评估标准，包括但不限于以下几个关键指标。

（一）销售贡献度

分析各渠道对总销售额的贡献比例，以及增长趋势。

（二）成本效益分析

计算每个渠道的成本投入与产出比，包括固定成本和变动成本。

（三）Customer Acquisition Cost（简称 CAC，客户获取成本）

衡量获取新客户所需的平均成本，以及 Customer Lifetime Value（简称 CLV，客户生命周期价值）。

（四）渠道覆盖率

评估渠道的市场覆盖范围，以及与目标市场的契合度。

（五）客户满意度

通过调查和反馈了解客户对渠道服务的满意程度。

（六）渠道控制力

分析企业对渠道的控制程度，包括价格、库存、促销活动等。

（七）渠道忠诚度

评估渠道合作伙伴的忠诚度和合作意愿。

通过对这些指标的深入分析，企业可以清晰地了解每个渠道的表现，并据此做出是否继续投资或调整的决策。例如，如果某个渠道虽然销售贡献度高，但成本效益低，可能就需要考虑优化成本结构或寻找替代渠道。

二、创新渠道模式

在评估的基础上，企业应勇于尝试新的渠道模式。这些新模式往往能够带来意想不到的市场效果。

（一）社交媒体营销

利用社交媒体平台的广泛覆盖和高互动性，通过内容营销和用户参与活动来提升品牌影响力。

（二）内容营销

通过创造有价值的内容吸引和留住目标受众，从而间接促进产品销售。

（三）与权威人士合作

与行业内的意见领袖合作，利用其影响力和信任度来推广产品。

（四）直播带货

结合直播的即时性和互动性，通过现场展示和互动销售产品。

这些新兴渠道不仅能够拓宽市场覆盖率，还能够更精准地触达目标消费者。例如，通过与 Key Opinion Leader（简称 KOL，关键意见领袖）合作，企业可以利用其在特定领域的专业知识和粉丝基础，快速提升品牌知名度和产品销量。

三、渠道整合与协同

单一渠道的力量是有限的，企业需要学会如何将不同的渠道整合起来，形成协同效应。这涉及以下几个方面。

（一）线上线下融合

通过线上线下的无缝衔接，提供一致的购物体验，如线上预约、线下体验。

（二）多渠道数据整合

将不同渠道的数据进行整合，实现客户数据的统一管理和分析。

（三）渠道间的互补

识别不同渠道的优势和不足，通过互补策略提升整体营销效果。

例如，线上商城可以提供便捷的购物体验和丰富的产品信息，而线下实体店则可以提供亲身体验和即时服务。通过整合这两种渠道，企业可以更好地满足不同消费者的需求。

四、技术驱动的渠道优化

技术是推动渠道优化的重要力量。以下是一些技术驱动的渠道优化策略。

（一）大数据分析

利用大数据分析消费者行为，预测市场趋势，实现精准营销。

（二）人工智能

通过人工智能技术，如聊天机器人，提供 24/7（每天 24 小时，每周 7 天的全天候）的客户服务，提升客户满意度。

（三）机器学习

通过机器学习算法优化库存管理，减少库存过剩或缺货情况。

（四）区块链技术

提高供应链透明度，降低成本，提升效率。

技术的应用可以帮助企业在渠道管理上实现自动化和智能化，从而提高效率和降低成本。

五、持续的渠道创新

渠道探索是一个持续的过程。企业需要建立一个灵活的机制，鼓励创新思维，不断尝试新的渠道策略。这包括以下几个方面。

(一) 快速试错机制

鼓励小规模试验新渠道，快速验证其可行性。

(二) 跨部门协作

促进市场、销售、IT 等不同部门之间的协作，共同探索新的渠道模式。

(三) 持续学习

关注行业动态，学习国内外成功案例，不断吸收新知识。

一家国内知名的家电品牌面临着激烈的市场竞争，传统的销售渠道已经难以满足其增长需求。为了打破僵局，该品牌决定与一家领先的在线教育平台进行跨界合作，共同开发一款针对家庭用户的智能学习产品。

A. 合作策略

a) 产品创新：结合在线教育平台的教育资源，家电品牌开发了一款集成了学习软件的智能电视，这款电视不仅能够提供娱乐内容，还能为家庭用户提供定制化的学习课程。

b) 渠道共享：双方共享各自的销售渠道，家电品牌利用在线教育平台的用户基础，而教育平台则通过家电品牌的线下门店扩大其服务范围。

c）**营销协同**：双方在营销活动上进行深度合作，如联合举办家庭亲子活动，通过线上线下的互动体验，增强用户对产品的认同感。

d）**数据互通**：通过技术手段实现数据互通，家电品牌能够更好地理解用户需求，而教育平台则能够提供更加个性化的学习内容。

B. 实施效果

a）**销售增长**：合作推出的智能电视迅速在市场上获得了成功，销售额远超预期，成为家电品牌新的增长点。

b）**品牌影响力提升**：通过与教育平台的合作，家电品牌在家庭用户中的品牌形象得到了显著提升，被视为教育和科技结合的典范。

c）**用户黏性增强**：用户通过智能电视获得学习体验，增加了对品牌的忠诚度，同时也为教育平台带来了稳定的用户流量。

这个案例展示了跨界合作在渠道创新中的潜力。通过整合不同领域的资源，企业不仅能够开发出满足市场需求的新产品，还能够拓宽销售渠道，实现双方的共赢。在实施过程中，关键在于找到双方的共同利益点，以及如何通过技术手段实现资源的有效整合。此外，持续的用户反馈和市场监测也是确保合作成功的关键因素。

6.2

销售精英的训练营：
提升销售团队能力的实战训练

销售团队的能力直接关系到企业的运转，所以，打造一支能够适应市场变化、高效执行销售策略的精英团队，对于企业的成功至关重要。

构建一个全面的培训体系是提升销售团队能力的基础。这一体系应涵盖从新入职员工到资深销售精英的各个层次。岗前培训应注重基础知识的传授，如产品特性、市场定位和销售流程。在岗培训则应侧重于提升销售人员的专业技能，如高级沟通技巧、客户心理分析和市场策略制定。精英培训则是为了培养未来的销售团队的领导者，通过高级管理课程、领导力研讨会和战略规划训练，使他们能够带领团队应对市场挑战。具体来说，我们需要从以下几个方面开展实战训练。

一、案例分析

案例分析训练应深入挖掘每个案例背后的策略和决策过程。通过小组讨论和角色扮演，销售人员不仅能够理解案例中的成功与失败，还能够帮助销售人员思考自己在类似情境下该如何应对。这种训练方法鼓励销售人员从多角度思考问题，培养他们的批判性思维和决策能力。案例分析训练还应包括对失败案例的深入剖析，让销售人员学会从错误中吸取教训，避免在未来的工作中重蹈覆辙。

二、角色扮演

角色扮演训练应设计多样化的场景，包括日常销售对话、高压谈判和客户异议处理等。通过模拟这些场景，销售人员可以在安全的环境中尝试不同的销售策略，学习如何在压力下保持冷静和专业。此外，角色扮演还可以帮助销售人员增强同理心，更好地理解客户的需求和期望。角色扮演训练还应包括对非语言沟通的模拟，如肢体语言和面部表情，这些都是销售过程中不可或缺的沟通技巧。

三、团队建设

团队建设活动应设计为具有挑战性和目标导向的任务，如团队销售竞赛、创意思维挑战等。这些活动不仅能够增强团队合作，还能够激发销售人员的创造力和解决问题的能力。同时，通过团队反馈和分享，销售人员可以学习如何更有效地沟通和协调团队资源。团队建设还应包括信任建立活动，如盲人方阵，以增强团队成员之间的信任感和依赖性。

四、持续学习与自我提升

持续学习是销售人员职业生涯中的重要部分。训练营应提供定期的行业趋势分析、市场动态更新和销售技巧进阶课程。通过在线学习平台，销售人员可以根据自己的节奏和兴趣选择课程，实现个性化学习。此外，训练营还可以设立"销售大师"系列讲座，邀请行业专家分享经验，为销售人员提供更高层次观察问题的视角。持续学习还应包括定期的自我评估和目标设定，帮助销售人员明确自己的发展方向和提升空间。

五、客户关系管理

Customer Relationship Management（简称 CRM，客户关系管理）训练应强调 CRM 系统的深入应用，教授销售人员如何利用数据分析来优化客户细分、个性化营销和客户生命周期管理。通过模拟客户服务场景，销售人员可以学习如何建立和维护长期客户关系，以提高客户满意度和忠诚度。同时，训练营应教会销售人员通过有效的沟通技巧，解决客户问题，提升客户体验。客户关系管理还应包括客户反馈的收集和分析，让销售人员学会如何从客户的声音中发现改进的机会。

六、创新销售策略

创新销售策略的训练应鼓励销售人员跳出传统思维，尝试新的销售渠道和方法。训练营可以组织创新工作坊，让销售人员围绕特定主题进行头脑风暴，如利用虚拟现实技术进行产品展示、开发基于人工智能的客户服务助手等。通过这些活动，销售人员可以学习如何将创新技术融入销售过程，提升销售效率。创新销售策略的训练还应包括对市场趋势的敏锐洞察，教会销售人员捕捉新兴市场机会以便快速响应市场变化。

七、情绪智力与压力管理

情绪智力和压力管理训练应帮助销售人员识别自己的情绪反应，学会在压力下保持冷静和专注。训练营可以提供情绪管理课程，帮助销售人员通过正念冥想、呼吸练习等方法来缓解压力。同时，训练营还应教授时间管理和优先级设定技巧，帮助销售人员更有效地管理工作任务，减少工作压力。情绪智力训练还应包括情绪调节技巧，如情绪释放和情绪转移，帮助销售人员在面对挑战时保持积极的心态。

八、跨文化销售能力

跨文化销售能力的培养应包括语言技能的提升和文化敏感性的增强。训练营可以提供多语言学习资源，并通过国际交流项目，让销售人员有机会直接与不同文化背景的客户和同事互动。此外，训练营还应教授国际商务礼仪和跨文化沟通技巧，帮助销售人员在全球化市场中建立信任。跨文化销售能力的训练还应包括对不同文化背景下的商业习惯和谈判风格的理解，使销售人员能够在多元化的市场中游刃有余。

通过这些综合的训练方法，销售精英训练营能够全面提升销售团队的专业技能和个人素质，使其成为企业在激烈的市场竞争中获胜的有力武器。这样的销售团队不仅能够实现短期的销售目标，还能够为企业的长期发展和市场扩张奠定坚实的基础。

6.3
客户关系的艺术家：
深化客户关系管理的创新方法

客户体验的优劣直接影响到企业的生存与发展。因此，深化客户关系管理不仅是企业持续发展的必然要求，也是提升品牌口碑与市场份额的有效途径。

一、数据驱动的客户洞察

在大数据时代，企业拥有海量的客户数据，如何有效利用这些数据成为深化客户关系的关键。通过先进的数据分析工具，企业可以深入挖掘客户的行为模式、购买偏好和反馈信息，从而实现精准营销和个性化服务。

例如，电子商务平台可以通过分析用户的浏览历史和购买记录，使用机器学习算法预测客户可能感兴趣的商品，并在用户浏览时推荐这些商品。这种个性化的推荐不仅能够提升客户满意度，还能有效提高转化率和客户的忠诚度。

企业应效力于数据分析团队的建设，定期进行市场趋势分析，以及利用 A/B 测试来优化营销策略。

二、社交媒体的互动营销

社交媒体平台已经成为现代营销的主战场。企业应充分利用这些平台，与客户建立更直接、更频繁的互动。通过实时关注客户评论、参与话题讨论、举办线上活动等方式，企业可以增强品牌亲和力，同时收集宝贵的客户反馈。

例如，时尚品牌可以在"小红书"上举办"穿搭挑战"，鼓励用户分享自己的穿搭照片，并使用品牌标签。这样的活动不仅能够增强用户参与度，还能通过 User Generated Content（简称 UGC，用户生成内容）来扩大品牌影响力。

企业应定期监控社交媒体上的品牌提及，及时回应用户反馈，并利用社交媒体广告定向推广活动。

三、体验式营销

在体验经济时代，客户购买的不仅仅是产品，更是一次独特的体验。企业应通过创新的体验式营销策略，为客户提供超出预期的服务。

例如，汽车制造商可以邀请潜在客户参加试驾体验活动，让他们在真实的道路条件下感受车辆的性能。这种亲身体验能够加深客户对产品的理解，提升购买意愿。

企业应设计独特的体验活动，确保活动与品牌形象和产品特性相匹配，并提供高质量的客户服务。

四、客户共创模式

传统的产品开发模式往往是企业单向推动，而客户共创模式则鼓励客户参与到产品的设计和改进过程中。通过在线社区、用户论坛等平台，企业可以收集客户的意见和建议,共同开发出更符合市场需求的产品。

例如,软件公司可以通过码云(Gitee)等平台,邀请开发者提供代码贡献,共同完善产品功能。这种模式不仅能够提高产品的市场接受度,还能建立起企业与客户之间的信任和合作。

企业应建立开放的沟通渠道,鼓励客户提出建议,并在产品开发过程中给予反馈,确保客户的声音被听到。

五、持续的客户教育

在信息爆炸的时代,面对各种各样的声音,客户很容易陷入迷茫。企业应承担起指导客户的责任,通过提供行业知识、产品使用指南等内容,帮助客户更好地理解和使用产品。

例如,健康科技公司可以定期发布关于健康生活方式的文章,并通过电了邮件向订阅用户提供个性化的健康建议。这种教育不仅能够提升客户的产品使用体验,还能在客户心中树立专业可靠的品牌形象。

企业应制定内容营销策略,定期发布高质量的教育内容,并利用数据分析来提高内容的吸引力和相关性。

六、灵活的服务策略

客户需求是多变的,企业应建立灵活的服务策略,以适应不同客户的需求。

例如,在线旅游平台可以提供多种支付方式,包括信用卡、支付宝、微信支付等，以满足不同客户的支付习惯。此外，平台还可以提供灵活的退换票政策，以及 24/7 的客户支持服务。这些灵活的服务策略能够让客户感受到企业的关怀和尊重，从而增强客户的忠诚度。

企业应定期收集客户反馈，评估服务流程，并根据客户的需求调整服务策略。

某电商平台通过一系列创新方法，成功地提升了客户满意度和忠诚度，从而在市场中占据了有利地位。该电商平台的成功主要表现在以下几个方面。

A. 个性化服务：根据用户的购买历史、浏览记录和搜索的关键词，该平台利用大数据技术为客户提供个性化的推荐。例如，当用户在平台上搜索某款商品时，系统会根据其历史行为，推荐相似或相关的产品，甚至提供定制化的购物建议。这种个性化服务不仅提高了购物体验，还增加了用户的购买频次。

B. 社交媒体互动：该平台在微信、微博等社交媒体上开通了官方账号，定期发布与商品相关的有趣内容，与客户进行互动。例如，当某款新商品上架时，平台会在社交媒体上发布相关信息，并通过有奖竞猜、投票等方式吸引用户参与。这种互动模式不仅增加了品牌的曝光度，还让客户感到被重视和关心。

C. 客户社区建设：该平台创建了一个客户社区，鼓励用户分享购物心得、使用技巧以及对产品的建议。社区内还设置了专家答疑区，邀请行业专家为用户解答疑难问题。通过这种方式，平台与客户的距离进一步拉近，同时也为潜在客户提供了一个了解品牌的场所。

D.智能客服：该平台投入大量资源开发智能客服系统，以解决客户的常见问题。智能客服能够识别用户的语音和文字信息，快速回复用户。对于复杂的问题或投诉，智能客服会将其转交给人工客服处理，大大提高了客户服务的效率和质量。

E.建立长期信任关系：该平台始终坚持诚信经营的原则，尊重用户的隐私和权益。在用户协议、隐私政策等方面做到透明化，让客户明白自己的数据如何被使用。同时，平台还定期举办会员活动，如积分兑换、优惠促销等，以增加用户的黏性和忠诚度。

通过这些创新方法，该电商平台成功地深化了与客户的联系，提高了客户满意度和忠诚度。这不仅为其带来了更多的回头客，还为其在激烈的市场竞争中赢得了优势。

6.4

数字营销的先锋：

利用数字工具提升营销效果的策略

随着技术的飞速发展，传统的营销手段正逐渐被数字工具所取代，如何利用这些工具来提升营销效果，是每个营销人员必须面对的问题。

一、大数据驱动的市场细分与预测

大数据技术为企业提供了前所未有的洞察力，使得市场细分和消费者行为预测变得前所未有的精准。通过分析消费者的在线行为、购买历史、社交媒体互动以及地理位置等多维度数据，企业能够绘制出详尽的用户画像。这些画像不仅揭示了消费者的当前需求，还能预测未来的购买趋势。例如，通过分析用户的搜索历史和购买记录，电商平台可以预测哪些用户即将进行大额购物，从而提前推送相关产品的广告和优惠信息，提高转化率。此外，大数据还可以帮助企业识别潜在的市场空白，开发新的产品线，以满足未被满足的需求。

二、程序化购买的自动化与优化

程序化购买通过自动化的方式，使得广告投放过程更加高效和智能。这种技术允许企业在 Real Time Bidding（简称 RTB，实时竞价）市场中，根据预设的目标受众特征、预算和广告效果指标，自动购买广告位。这种自动化不仅减少了烦琐的人工操作，还通过算法优化确保了广告资源的最大化利用。企业可以通过授权数字平台代表自己自动执行广告媒体购买实时调整广告投放策略，比如在用户最活跃的时段投放广告，或者在用户对某个产品表现出兴趣时，立即展示相关广告。这种精准投放策略显著提高了广告的 Return On Investment（简称 ROI，投资回报率），并帮助企业在竞争激烈的市场竞争中脱颖而出。

三、增强现实技术的沉浸式体验

增强现实技术通过在现实世界中叠加虚拟图像，为用户提供了一种全新的互动体验。企业可以利用增强现实技术开展各种新颖的营销活动，如虚拟试衣、产品预览、互动游戏等。例如，服装品牌可以开发 AR 试衣应用程序，让用户在不出门的情况下就可以试穿最新款式的衣服；汽车制造商则可以让用户在手机上模拟驾驶。这些沉浸式体验不仅提升了用户的参与度，还有助于增强品牌记忆，促进口碑传播。AR 技术的应用还可以通过社交媒体分享，进一步扩大品牌影响力。

四、区块链技术在品牌信任建设中的应用

区块链技术以其去中心化、不可篡改的特性，为品牌赢得信任提供了新的解决方案。企业可以利用区块链记录产品的整个生命周期，包括原材料采购、生产过程、物流运输和销售渠道，确保信息的透明和可追溯。消

费者可以通过扫描产品上的区块链二维码，查看产品的完整历史，从而增强对品牌的信任。这种透明度不仅有助于打击假冒伪劣产品，还能提升品牌形象，吸引更多注重品质的消费者。

五、物联网数据在产品开发中的应用

物联网设备产生的海量数据为产品开发提供了宝贵的洞察。企业可以通过分析这些数据，了解用户的实际使用情况，从而优化产品设计和功能。例如，智能穿戴设备收集的健康数据可以帮助健身品牌更好地理解用户的运动习惯，开发出更符合用户需求的产品。智能家居设备的数据则可以帮助家电制造商了解用户的生活习惯，设计出更加人性化的家电产品。通过这些数据驱动的创新，企业能够更快地响应市场变化，推出更受消费者欢迎的产品。

六、社交媒体数据管理工具在品牌声誉管理中的作用

社交媒体数据管理工具使企业能够实时查看网络上关于品牌的讨论，从而及时为消费者答疑解惑。这些工具可以分析情感倾向、提及量和影响力等关键指标，帮助企业了解消费者的真实感受。当出现负面评论时，企业可以迅速介入，解决问题，避免负面信息的扩散。同时，通过分析正面反馈，企业可以收集成功案例，用于未来的营销活动。社交媒体数据管理工具不仅提升了品牌管理的效率，还有助于树立积极的品牌形象。

七、内容营销自动化工具的高效运用

内容营销自动化工具通过整合内容创作、发布和分析流程，帮助企业提高内容营销的效率。这些工具可以自动生成内容日历，确保内容的持续更新；同时，它们还可以跟踪内容的阅读情况，如阅读量、转发数和点赞数等，帮助企业优化内容策略。此外，自动化工具还可以实现跨平台的内容同步，确保品牌信息的一致性。通过这些工具，企业可以节省人力资源，专注于创作更有价值和吸引力的内容，从而提升用户参与度和品牌忠诚度。

八、游戏化策略在用户参与度提升中的应用

游戏化策略通过将游戏元素融入营销活动，提升用户的参与度和互动积极性。这种策略利用了人类的竞争心理和成就欲望，鼓励用户完成特定任务以获得奖励。例如，企业可以开发积分系统，用户通过参与互动、分享内容或购买产品来积累积分，积分可以兑换优惠券、限量版产品或其他奖励。这种策略不仅增加了用户的参与度，还通过奖励机制提升了用户的忠诚度并促进口碑传播。游戏化策略的应用还可以通过社交媒体和移动应用等渠道，进一步扩大品牌的影响力。

通过上述策略，企业可以更有效地利用数字工具，提升营销效果，实现品牌价值的最大化。当然，要实现这样的目标，关键在于持续关注技术发展，灵活调整营销策略，以及始终以用户为中心，增强服务意识，这样才能提供真正有价值的产品和服务，在数字营销的道路上实现跨越式发展。

6.5

销售策略的设计师：
制定有效销售策略的技巧

在高度竞争的商业环境中，企业必须采用系统化且高效的策略来设计和实施销售计划。AIDA+ 模型作为营销领域的经典理论，为我们提供了一个清晰的框架，帮助我们理解消费者从注意到行动的购买过程。基于这一模型，我们可以制定一个详细的销售策略，确保每一步都经过深思熟虑，以取得最佳的销售业绩。

一、注意（Attention）

目标 在众多竞争者中脱颖而出，吸引目标客户的注意力

执行细节：

（一）市场细分

首先，我们需要对市场进行细分，识别出最有可能对产品或服务感兴趣的特定群体。这涉及对潜在客户的行为、偏好、生活方式和购买动机进行深入分析。通过市场细分，我们可以更精准地定位目标市场，确保营销资源的有效利用。

（二）品牌定位

在了解目标市场后，我们需要明确品牌在市场中的位置。品牌定位是塑造品牌形象和传递品牌价值的关键。这包括确定品牌 Unique Selling Proposition

（简称 USP，独特的销售主张），以及如何在消费者心中与竞争对手区分开来。

（三）创意广告

创意是吸引注意力的关键。我们需要设计独特且引人注目的广告，无论是通过传统媒体还是数字渠道，都是实现这个目标的有效途径。广告内容应简洁明了，能够迅速传达产品的核心优势，同时激发消费者的好奇心。

二、兴趣（Interest）

目标 在吸引到潜在客户的注意力后，进一步激发他们对产品或服务的兴趣

执行细节：

（一）内容营销

内容是建立兴趣的强有力工具。通过创作高质量的内容，如视频、播客和公众号推文，我们可以引导潜在客户，展示产品如何解决他们的问题，为客户提供有效的服务。内容应具有教育性、娱乐性或启发性，这样才能形成吸引力，以保持消费者的持续关注。

（二）社交媒体互动

社交媒体平台是与潜在客户互动的理想场所。通过定期发布有价值的内容，参与话题讨论，以及回复用户的评论和私信，我们可以建立品牌的社会存在感，同时收集反馈，了解消费者的需求和疑虑。

（三）口碑营销

客户的好口碑是最好的广告。通过鼓励客户分享他们的良好体验，我们可以利用口碑效应来吸引新客户。这可以通过用户评价、推荐计划或用户生成的内容来实现。

三、欲望（Desire）

目标 当潜在客户对产品或服务产生兴趣后，进一步激发他们的购买欲望

执行细节：

（一）情感连接

我们需要注意，人们购买的不仅仅是产品，更是情感体验。所以，通过讲述品牌故事，我们可以与消费者建立情感联系，架起与消费者之间的桥梁。这些故事应该围绕产品如何改善人们的生活，或者如何帮助他们实现梦想，这些故事与消费者的生活息息相关，能够引起他们情感的共鸣。

（二）产品体验

这是一种让消费者亲身体验产品并激发购买欲望的有效方式。我们可以提供试用、免费样品或现场演示，让潜在客户直接感受产品的优势。这种直接体验可以显著提高转化率。

（三）限时优惠

通过提供限时折扣、特别定制或独家优惠，我们可以增强消费者的紧迫感，促使他们尽快做出购买决定。这种策略需要精心设计，以确保优惠政策既能吸引消费者，满足消费者的需求，又不损害品牌形象。

四、行动（Action）

目标 引导潜在客户完成购买，将兴趣转化为实际的购买行为

执行细节：

（一）简化购买流程

购买过程过于复杂、烦琐是造成许多潜在客户流失的原因。我们需要

确保购买流程简单、直观，简化程序，减少任何可能的障碍，为客户开辟"绿色通道"。这包括清晰的定价、简单的支付选项和快速的物流服务。

（二）信任建设

消费者在做出购买决定前，需要对品牌有足够的信任。我们可以通过提供详细的产品信息、客户评价、第三方认证和透明的退货政策来建立这种信任，从而赢得消费者的信赖。

（三）跟进策略

在潜在客户表现出购买意向后，我们需要通过有效的跟进策略来维持他们的兴趣。这包括发送定制化的电子邮件、提供个性化的产品推荐或安排一对一的咨询等。

五、加强（+）

目标 在完成销售行为后，持续优化销售策略，以实现长期增长

执行细节：

（一）数据分析

通过收集和分析销售数据，我们可以了解哪些策略有效，哪些需要改进。这包括对广告投放、网站流量、转化率和客户生命周期价值的深入分析。

（二）反馈循环

客户反馈是改进产品和销售策略的宝贵资源。我们需要建立一个系统来收集和分析客户反馈，无论是调查问卷、社交媒体互动还是直接的客户访谈都可以。

（三）持续创新

市场和技术的快速变化要求我们不断尝试新的营销手段和销售方法，因为只有不断创新，才能使企业不断攀登新高峰。持续创新包括利用人工智能进行个性化营销、开发新的销售渠道或探索新的细分市场等。

AIDA+ 销售策略设计方法提供了一个全面的框架，企业从吸引潜在客户到实现销售的全过程都可以从这个框架中得到帮助。通过深入的市场洞察、创意的内容营销、情感的连接、简化的购买流程和持续的数据分析，我们可以确保销售策略的有效性和适应性。

PART 7

供应链的
智慧管理

7.1

供应链的守护神：
供应链风险的评估与控制的智慧

供应链不仅是企业的生命线，更是其核心竞争力的体现。然而，这条生命线也充满了不确定性和风险，从自然灾害到政治动荡，从技术变革到市场需求的波动，供应链面临的挑战层出不穷。如何在这个充满变数的环境中，成为供应链的守护神，确保企业的稳定发展，我们需要关注以下几个方面的问题。

一、供应链风险的多维视角

传统的供应链风险管理往往侧重于成本和效率，而忽视了风险的多样性和复杂性。在新的商业环境下，我们需要从多个维度来审视供应链风险。

（一）环境风险

包括自然灾害、政治不稳定等因素，这些因素可能导致供应链中断。例如，地震、洪水等自然灾害可能摧毁基础设施，影响物流运输；政局动荡可能导致贸易壁垒，增加跨境交易的难度。企业需要建立环境风险评估模型，考虑这些因素对供应链的潜在影响，并制定相应的应对策略。

（二）市场风险

市场需求的不确定性、竞争对手的策略变化等，都可能对供应链造成冲击。市场风险管理要求企业能够快速响应市场变化，调整生产计划和库存策略。这需要企业具备敏锐的市场洞察力和灵活的供应链，以便在市场波动时保持竞争力。

（三）技术风险

技术的快速发展可能使现有供应链模式变得过时，同时也带来了新的安全风险。例如，网络安全问题可能导致数据泄露，影响供应链的透明度和效率。企业应投资于技术创新，同时加强网络安全防护，确保供应链的安全性和可靠性。

（四）合规风险

法律法规的变化、行业标准的更新，要求企业不断调整供应链策略以保证其合规。合规风险管理需要企业建立一套完善的合规体系，及时关注法规变化，并在供应链各环节实施相应的合规措施。

（五）操作风险

供应链中的人为错误、流程缺陷等，可能导致效率低下和成本增加。

操作风险管理要求企业优化流程设计，提高自动化水平，减少人为干预，并通过培训提高员工的专业技能，增强员工的风险意识。

二、智慧供应链：数据驱动的风险管理

在大数据和人工智能的加持下，供应链风险管理正迎来智慧化转型。通过收集和分析大量数据，企业可以更准确地预测风险，实现动态调整。

（一）预测分析

利用机器学习算法，分析历史数据和实时信息，预测潜在风险，提前做好准备。预测分析可以帮助企业发现供应链中的薄弱环节，提前采取措施，如调整生产计划、优化库存布局等，以减少风险带来的损失。

（二）实时监控

物联网技术的应用，使得供应链的每一个环节都能被实时监控，及时发现异常。通过传感器、Radio Frequency Identification（简称 RFID，射频识别）等技术，企业可以实时追踪货物的位置和状态，确保供应链的透明度，及时发现并解决潜在问题。

（三）智能决策

AI 辅助决策系统可以帮助企业在复杂情况下快速做出最优选择。在面对突发事件时，智能决策系统可以提供基于数据的决策支持，帮助企业快速响应，减少决策失误。

三、创建弹性供应链

弹性供应链能够在面对风险时快速恢复和适应。创建弹性供应链的关键在于。

（一）多元化供应商

避免过度依赖单一供应商，通过多元化策略分散风险。企业应建立一个多元化的供应商网络，确保在某一供应商出现问题时，能够迅速切换到其他供应商，保证供应链的连续性。

（二）灵活的物流网络

建立多渠道物流网络，确保在某一渠道受阻时，能够迅速切换到其他渠道。这包括建立备用运输路线、储备多种运输方式等，以应对各种可能的物流中断问题。

（三）库存策略

采用动态库存管理，根据市场需求和风险评估调整库存水平。通过先进的库存管理系统，企业可以实现库存的精准控制，减少过剩库存造成成本增加，同时确保产品供应的及时性。

（四）风险共担机制

与合作伙伴建立风险共担机制，共同应对供应链风险。通过合同条款明确风险分担方案，企业可以在风险发生时，与合作伙伴共同承担损失，减轻单个企业的压力。

四、文化与培训：风险意识的培养

风险管理不仅仅是技术和策略的问题，更是企业文化和员工意识的体现。企业应培养一种风险意识文化，通过培训和教育，让每个员工都能意识到自己在供应链风险管理中的作用。

（一）风险意识培训

定期对员工进行供应链风险管理的培训，提高他们的风险识别和应对能力。培训内容应涵盖风险评估、应急响应、沟通协调等多个方面，确保员工掌握全面的供应链风险管理知识。

（二）激励机制

建立激励机制，鼓励员工在发现潜在风险时主动报告和提出改进建议。通过奖励那些能够及时发现并有效应对风险的员工，企业可以激发员工的积极性，形成良好的风险管理氛围。

（三）持续改进

鼓励创新思维，不断探索新的供应链风险管理方法。企业应鼓励员工提出创新的想法，通过实践不断优化供应链风险管理流程，提高整体的风险应对能力。

在全球化和数字化的大背景下，供应链风险管理正变得越来越重要。企业需要跳出传统的思维框架，采用多维视角审视风险，利用智能化技术进行精准管理，构建弹性供应链，并在企业文化中培养风险意识。只有这样，企业才能在风险与机遇并存的商业世界中，稳健前行，成为真正的供应链守护神。

7.2

供应商的伙伴：
建立稳固供应商关系的策略

企业与供应商之间的关系决定了供应链的效率和企业的竞争力，为了在激烈的市场竞争中保持领先地位，企业需要采取一系列策略来巩固和提升这种关系。

一、重新定义供应商关系：从交易到战略联盟

在传统的供应链管理中，供应商通常被视为成本中心。然而，现代企业越来越意识到，供应商也是创新和增长的重要推动力。为了实现这一转变，企业需要采取以下策略。

（一）设定共同目标

与供应商签订战略联盟协议，明确双方在未来几年内的共同目标，如市场扩张、技术升级等，并设定具体的目标和评估标准。

（二）信息共享平台

开发或采用第三方供应链管理软件，实现订单、库存、生产进度等信息的实时共享，提高决策效率。

（三）联合研发项目

设立专项基金，鼓励供应商参与新产品的研发，通过技术研讨会、创新工作坊等形式，激发双方的创新思维。

二、建立信任的基石：透明与诚信的实践

信任是合作关系的基石，尤其是在供应商关系中。缺乏信任可能会导致合作效率低下，甚至合作失败。因此，企业需要采取以下措施来建立和维护信任关系。

（一）公平合同条款

在合同中明确双方的权利和义务，确保条款公平合理，避免因合同纠纷影响合作关系。

（二）定期沟通会议

每季度至少举行一次供应商大会，讨论合作进展、市场趋势和潜在挑战，确保双方保持同步。

（三）问题解决机制

建立快速响应机制，对于供应商提出的问题，企业应在24小时内给予反馈，并在一周内提出解决方案。

三、共同创新的驱动力：激发供应商的创造力

创新是企业持续发展的关键。供应商作为供应链的一部分，其创新能力对于企业来说同样重要。以下是激发供应商创新能力的具体策略。

（一）创新激励计划

对供应商进行创新奖励，如对因采取创新手段而节约成本或提高销售额的供应商给予一定比例的奖励。

（二）技术合作

与供应商共同投资研发新技术，如自动化生产线、智能物流系统，以

提高生产效率和降低成本。

（三）市场反馈机制

建立市场反馈渠道，让供应商直接参与到产品的市场调研和用户反馈收集中，以便快速调整产品策略。

四、供应链的协同优化：提升整体效率

供应链的协同效率直接影响到企业的成本控制和市场响应速度。以下是通过优化供应链来提升整体效率的策略。

（一）流程优化

通过精益生产方法，与供应商共同分析并优化生产流程，减少浪费，提高生产效率。

（二）库存管理

采用先进的库存管理系统，如 VMI（Vendor Managed Inventory，供应商管理库存），减少库存积压，减少资金占用。

（三）物流合作

与物流供应商建立长期合作关系，优化运输路线，实现货物的快速、低成本配送。

五、风险管理与应对：构建韧性供应链

在不确定的市场环境中，供应链的风险管理尤为重要。以下是构建韧性供应链，以应对潜在风险的策略。

（一）多元化供应商策略

建立多个供应商备选名单，确保在主要供应商出现问题时，能够迅速切换，保障生产连续性。

（二）风险评估工具

利用风险管理软件，对供应链进行全面评估，识别潜在风险点，并制定相应的应对措施。

（三）应急计划

与供应商共同制定应急预案，包括备用生产计划、临时采购渠道等，以应对突发事件。

六、持续的绩效评估与改进：追求卓越

持续的绩效评估和改进是确保供应商关系长期稳定的关键。以下是通过评估和改进来提升供应商绩效的策略。

（一）绩效指标体系

建立一套全面的供应商绩效评估体系，包括质量合格率、交货准时率、成本控制等关键指标，并定期进行评估。

（二）定期举办研讨会

每半年组织一次研讨会，邀请供应商参与，共同探讨如何提升供应链的整体性能。

（三）激励机制

对于表现优秀的供应商，除了经济奖励外，还可以提供更多的合作机

会，如优先采购权、市场推广支持等。

七、文化融合与价值观共享：深化合作关系

企业文化和价值观的一致性是长期合作关系的保障。以下是通过文化融合和价值观共享来深化供应商关系的策略。

（一）文化交流活动

定期组织文化交流活动，如供应商参观日、团队建设活动，让供应商更好地了解企业文化和价值观。

（二）共同社会责任

与供应商共同承担社会责任，如环保、公益活动，提升双方的社会形象和品牌价值。

（三）价值观共享

在合作过程中，强调诚信、责任、创新等共同价值观，确保双方在面对挑战时能够保持一致的行动方向。

通过实施上述策略，企业不仅能够建立起稳固的供应商伙伴关系，还能够在激烈的市场竞争中获得优势。这种关系不仅能够帮助企业降低成本、提高效率，还能够激发企业的创新潜能，提升整体竞争力。在供应商管理的过程中，企业应该不断探索新的合作模式，深化与供应商的伙伴关系，共同迎接未来的挑战和机遇。

7.3

物流的魔术师：

库存与物流优化的创新实践

物流不只是简单的货物运输，实际上，它在供应链中扮演着至关重要的角色，通过高效的库存管理和物流解决方案，能够将物流难题转化为企业的竞争优势。

一、物流的双重身份：成本中心与价值创造者

物流部门在企业中的传统角色是成本中心，其主要任务是确保产品从生产地到消费者手中的高效流转。然而，随着市场竞争的加剧和消费者需求的多样化，物流的角色正在悄然转变。它不再仅仅是成本的负担，还是价值创造的重要环节。通过优化库存管理和物流流程，企业可以在不增加成本的前提下，提升客户满意度，加快市场响应速度，甚至开辟新的收入来源。例如，通过提供快速配送服务，企业能够吸引更多追求即时满足的消费者，从而增加销售额和扩大市场份额。

二、库存优化：从"推"到"拉"的转变

在库存管理上，传统的"推"的策略，即基于预测生产和库存的策略，已经无法满足市场的快速变化。这种策略往往导致库存积压或缺货，增加

了企业的运营风险。相反，"拉"的策略，即根据实际需求来调整生产和库存，正成为新的主流。这种策略要求企业能够实时捕捉市场需求，灵活调整生产计划，实现库存的精准控制。通过引入先进的数据分析工具，企业可以预测需求波动，实现库存的动态平衡，减少库存过剩和缺货的风险。例如，利用机器学习算法分析历史销售数据和市场趋势，企业可以更准确地预测未来的需求，从而减少库存成本并提高资金周转率。

三、物流网络的智能化

物流网络的智能化是优化物流的关键。通过物联网技术，企业可以实时监控货物的位置和状态，确保物流过程的透明化。这不仅提高了货物追踪的准确性，还有助于及时发现并解决物流过程中出现的问题。人工智能和机器学习算法可以帮助企业优化路线规划，减少运输成本，提高配送效率。例如，通过分析道路的车流量和天气状况，人工智能可以为司机推荐最佳路线，避免拥堵，节省时间和燃料。此外，区块链技术的应用可以提高供应链的安全性和可追溯性，增强企业与供应商、客户之间的信任。这种技术确保了数据的不可篡改性，使得供应链中的每个环节都能被有效监控和验证。

四、绿色物流：可持续发展的新篇章

在追求效率的同时，绿色物流也成为企业社会责任的重要体现。通过优化运输方式，减少空驶率，使用环保材料，企业可以在降低运营成本的同时，减少对环境的影响。例如，采用多种方式联运，综合考虑公路、铁

路和海运等运输方式的优缺点，可以显著降低碳排放。绿色物流不仅有助于企业塑造良好的品牌形象，还能响应政府的环保政策，享受税收优惠等激励措施。此外，绿色物流还能提高资源利用率，降低废弃物处理成本，为企业带来长期的经济和环境双重效益。

五、跨界合作：构建物流生态圈

物流优化不应局限于企业内部，而应拓展至整个供应链。通过与供应商、分销商、Third-party Logistics（简称 3PL，第三方物流）等合作伙伴建立紧密的合作关系，企业可以共享资源，实现物流资源的最大化利用。跨界合作还可以促进信息共享，提高整个供应链的协同效率，共同应对市场变化。例如，通过建立供应链协同平台，企业可以实现与合作伙伴的实时数据交换，优化库存分配，减少库存积压。这种合作模式有助于降低整个供应链的成本，提高市场响应速度，增强竞争力。

六、灵活的物流策略：应对不确定性

在全球化的商业环境中，不确定性是常态。物流策略需要具备足够的灵活性，以应对突发事件，如自然灾害、政治变动或经济波动。企业可以通过建立多元化的物流网络，分散风险，确保供应链的稳定性。例如，通过在不同地区建立备用仓库，企业可以在主要物流点出现问题时，迅速切换到备用仓库，保证货物的连续供应。

同时，企业还可以通过与多个物流服务提供商合作，构建一个灵活的

物流网络。这样，即使某个供应商无法满足需求，企业也可以迅速转向其他合作伙伴，确保物流服务的连续性。这种策略不仅提高了供应链的韧性，也为企业在面对市场变化时提供了更多的应对策略。

七、供应链金融：资金流与物流的协同优化

Supply Chain Finance（简称 SCF，供应链金融）是一种将资金流与物流紧密结合在一起的创新金融解决方案，它通过优化资金的使用，提高整个供应链的效率。在这种模式下，金融机构根据供应链中各环节的信用状况和交易数据，为企业提供融资服务，帮助缓解资金压力，同时降低融资成本。这种服务通常与物流活动紧密关联，如应收账款融资、预付款融资等，使得企业能够更灵活地管理现金流，优化库存水平。

例如，企业可以通过供应链金融服务，将应收账款转化为即时可用的资金，从而加速资金回笼，减少资金占用。这不仅提高了资金的流动性，还有助于企业在物流环节更好地应对市场波动，如通过提前采购原材料来应对潜在的供应短缺。同时，供应链金融还可以帮助中小企业解决融资难题，促进整个供应链的健康发展。

以某知名电商平台为例，该平台通过建立智能仓储系统，实现了商品的快速拣选和打包。这种系统利用自动化设备和机器人技术，大大提高了拣选效率，降低了人力成本。同时，利用大数据分析技术，平台能够精准预测热销商品，提前在靠近消费者的

仓库进行备货，大幅缩短了配送时间。此外，平台还与多家物流公司合作，通过共享配送资源，降低了物流成本，提高了服务水平。这种合作模式不仅提升了消费者的购物体验，也增强了客户对平台的忠诚度并扩大了企业的市场份额。

7.4
技术的领航者：
供应链技术创新的前沿探索

在全球化和数字化的双重推动下，供应链正经历着前所未有的变革。企业不再满足于传统的供应链模式，而是寻求通过技术创新来实现更高效、更灵活、更可持续的供应链管理。这些技术创新不仅包括自动化和智能化的工具，还包括数据分析、物联网、区块链等前沿技术的应用，它们正在重塑供应链的每一个环节。

一、供应链技术创新的前沿趋势

（一）智能化供应链

智能化供应链是利用人工智能、机器学习、大数据分析和物联网等技术，实现供应链的自动化决策、优化和预测。这些技术的应用使得供应链能够更加灵活地适应市场变化，提高响应速度。例如，通过机器学习算法，企业可以分析历史销售数据，预测未来需求，从而实现精准库存管理。物联网技术则通过传感器和智能设备，实现对供应链中物品的实时监控，确保产品质量和运输安全。

（二）可持续供应链

可持续供应链强调在供应链管理中融入环保理念，通过采用环保材料、节能技术和优化生产流程，减少对环境的影响。企业不仅在生产环节追求绿色生产，还要在物流和包装设计上寻求创新，以降低整个供应链的碳足迹。此外，企业还通过参与国际环保项目，推动全球供应链的绿色转型，提升企业社会形象。

（三）数字化供应链

数字化供应链通过数字化技术，如云计算、区块链和移动应用，实现了供应链信息的实时共享和高效管理。数字化工具帮助企业制定数据驱动的决策，优化库存水平，提高供应链的透明度和协同效率。例如，区块链技术的应用可以确保供应链中的交易信息安全、不可篡改，增强了供应链的可信度。

二、如何将供应链技术创新应用于国内企业

（一）培养创新意识和能力

国内企业首先需要认识到供应链技术创新的重要性，并将创新作为企业发展的核心战略。企业应重视员工培训，提升团队对新技术的理解和应用能力。同时，企业应与高校、研究机构建立合作关系，共同制定出适合自身需求的供应链创新解决方案。通过这种产学研结合的方式，企业能够快速吸收和应用最新的供应链管理理念和技术。

（二）引入先进技术和设备

为了实现供应链的智能化和数字化，国内企业需要不断引入和更新技术设备。例如，采用自动化仓储系统可以提高物流效率，减少人力成本；引入智能分析工具可以帮助企业更好地把握市场动态，制定有效的市场策

略。同时，企业还应关注国际技术动态，适时引入国际先进的供应链管理软件和平台，以提升整体运营水平。

（三）建立灵活的组织架构和合作机制

供应链技术创新涉及多个部门和领域的协同工作。因此，企业需要建立一个灵活的组织框架，鼓励跨部门的沟通和合作。通过扁平化管理，企业可以提高决策效率，快速响应市场变化。此外，企业还应建立开放的合作机制，与供应商、分销商、物流公司等建立紧密的合作关系，共同推动供应链的创新和优化。

（四）注重人才培养和激励

人才是供应链技术创新的关键。企业应建立完善的人才培养体系，吸引和留住供应链管理领域的专业人才。通过提供有竞争力的薪酬福利、职业发展规划和持续的职业培训，企业可以激发员工的创新精神和工作热情。同时，企业还应建立公正的激励机制，对在供应链技术创新中作出显著贡献的员工给予物质和精神上的奖励。

三、供应链技术创新在特定行业的实践案例分析

（一）制造业的智能化转型

制造业是供应链创新的重要领域。许多制造企业已经开始利用机器人自动化、智能制造系统和实时数据分析来提高生产效率和产品质量。例如，某知名汽车制造商通过引入工业 4.0（Industry 4.0）概念，实现了生产线的智能化，不仅提高了生产效率，还大幅减少了人为错误。此外，通过物联网技术，企业能够实时监控设备状态，预测维护需求，从而降低停机时

间，保障生产连续性。

（二）零售业的供应链优化

零售业面临着快速变化的消费者需求和激烈的市场竞争。供应链技术创新在这一领域中的应用，如库存管理系统的优化和消费者行为分析，帮助零售商更好地预测销售趋势，实现库存的精准管理。例如，某大型电商平台通过大数据分析，能够实时调整库存，确保热销商品的供应，同时减少滞销商品的库存积压。

（三）农业供应链的绿色革命

在农业领域，供应链技术创新正推动着绿色革命。通过精准农业技术，如智能灌溉系统和无人机监测，农业生产变得更加高效和环保。这些技术不仅提高了作物产量，还减少了水资源和化肥的使用，降低了对环境的影响。同时，区块链技术的应用确保了农产品生产过程的可追溯性，增强了消费者对食品安全的信心。

（四）医疗行业的供应链安全与效率

医疗行业对供应链的安全性和效率有着极高的要求。技术创新如RFID标签、智能温控物流和电子病历系统，确保了医疗用品的可追溯性和运输过程中的质量控制。这些技术的应用不仅提高了医疗物资的配送效率，还降低了医疗错误的风险，保障了患者的安全。

（五）供应链金融的创新应用

供应链金融是供应链管理中的一个新兴领域，它通过金融工具和服务，帮助企业解决资金流问题。区块链技术在供应链金融中的应用，如基于区块链的应收账款融资，为中小企业提供了新的融资渠道。这种模式降低了融资成本，提高了资金的流动性，支持了供应链的稳定运行。

供应链技术创新在不同行业的应用展现了其广泛的适用性和巨大的潜力。通过智能化、绿色化、数字化等技术的不断进步，供应链管理正变得更加高效、透明和可持续。国内企业应积极拥抱这些创新，结合自身行业特点，探索适合的供应链创新路径。

7.5
供应链的优化师：
持续改进供应链流程的策略

在当今这个充满挑战与机遇的商业环境中，供应链流程的优化已成为企业提升竞争力的关键。一个高效、灵活且可持续的供应链能够显著降低企业的成本，提升市场响应的速度。接下来我们将深入探讨如何通过流程的持续改进，实现供应链的高效运作，并具体阐述每个优化方法的实现路径。

一、流程可视化：洞察供应链的脉络

流程可视化是供应链优化的起点。它要求我们将供应链的每一个环节，从原材料采购到成品交付，都以图形化的方式展现出来。这不仅有助于管理者直观地理解整个流程，还能揭示出潜在的瓶颈和低效环节。

（一）工具应用

利用流程图软件，如 Visio、Lucidchart 等，绘制详细的供应链流程图。这些工具不仅提供了丰富的图形元素和模板，还支持实时协作，使得团队成员能够共同参与流程图的创建和更新。

（二）跨部门协作

确保所有相关部门参与流程图的创建，以确保流程图的准确性和完整性。这需要建立一个跨部门的沟通机制，鼓励团队成员分享他们的知

识和经验，共同发现流程中可能存在的问题和需要改进的地方。

（三）持续更新

随着业务的发展和市场的变化，定期更新流程图，确保其反映最新的供应链状态。这要求企业建立一个动态的流程管理机制，能够快速响应外部环境的变化，及时调整流程图。

二、流程标准化：提高效率的基石

标准化是提高流程效率和一致性的关键。通过制定统一的操作规程，企业可以确保每个环节都能以最优化的方式运作，减少错误和返工，提升整体效率。

（一）制定 Standard Operation Procedures（简称 SOPs，标准操作程序）

为每个流程环节制定详细的操作手册，明确每一步的操作要求。这些 SOPs 应包括操作步骤、质量标准、安全指南等，确保员工能够按照既定标准执行任务。

（二）培训与执行

对员工进行标准化流程的培训，确保他们理解并能够按照 SOPs 执行。培训应包括理论学习和实践操作，以确保员工能够熟练掌握标准化流程。

（三）监控与反馈

通过定期的流程审计，监控标准化流程的执行情况，并收集员工的反馈，不断优化 SOPs。这需要建立一个反馈机制，鼓励员工提出改进建议，并对提出有效建议的员工给予奖励。

三、流程自动化：节约人力，提升响应速度

自动化技术的应用可以显著提高供应链流程的效率和准确性。通过自动化工具，企业能够减少人为错误，加快流程执行速度，提高资源利用率。

（一）技术选型

根据供应链的具体需求，选择合适的自动化技术，如 Robotic Process Automation（简称 RPA，机器人流程自动化）、Enterprise Resource Planning（简称 ERP，企业资源规划）系统等。这些技术应能够与现有的 IT 基础设施兼容，并且易于扩展。

（二）系统集成

将自动化工具与现有的 IT 系统进行集成，确保数据的无缝对接。这涉及 Application Programming Interface（简称 API，应用程序接口）的开发，以及与第三方服务提供商的合作。

（三）试点与推广

在小范围内进行自动化试点，评估效果后，逐步推广至整个供应链。试点应选择那些重复性高、易于推行自动化的环节，以确保快速看到成效。

四、流程协同：打破信息孤岛

流程协同要求供应链中的各个环节能够实时共享信息，以实现决策更高效的执行。这需要建立一个统一的信息平台，确保所有参与者都能访问到最新的数据和信息。为此，我们需要进行以下工作。

（一）平台建设

构建或选择一个适合企业需求的供应链协同平台，如 SAP Ariba、Oracle SCM Cloud 等。这些平台应具备高度的可定制性，能够满足不同规模和行业的需求。

（二）数据集成

将供应链中的各个系统数据集成到协同平台，实现数据的集中管理和实时更新。这需要企业开发数据集成工具，或者与现有的数据仓库解决方案进行集成。

（三）文化培养

培养团队的协同文化，鼓励跨部门沟通和信息共享。这需要从高层领导开始，通过示范和激励，推动整个组织形成开放和协作的氛围。

五、流程持续改进：追求卓越无止境

持续改进是供应链管理的核心理念。通过不断的评估和优化，企业能够确保供应链流程始终处于最佳状态。我们可以从以下几个方面开展工作。

（一）建立改进机制

实施 PDCA（Plan-Do-Check-Action 的缩写）循环，定期检查流程效果，识别改进点。这需要建立一个持续改进的框架，包括目标设定、过程监控、效果评估和改进实施。

（二）激励创新

鼓励员工提出改进建议，并对提出优秀建议的员工进行奖励。这可以通过设立创新基金、举办竞赛等方式实现。

（三）持续学习

组织定期的培训和研讨会，让员工了解最新的供应链管理理念和技术。这有助于员工拓宽视野，激发创新思维。

六、流程风险管理：预见并应对不确定性

在全球化的背景下，供应链面临着诸多不确定性。流程风险管理要求企业能够预见潜在风险，并制定相应的应对策略。

（一）风险评估

定期进行供应链风险评估，识别潜在的风险点。这包括市场风险、政治风险、汇率风险等，需要综合考虑内外部因素。

（二）多元化策略

实施多元化的供应商策略，减少对单一供应商的依赖。这可以通过建立备用供应商名单、多地采购等方式实现。

（三）应急预案

制定应急预案，包括选择备用供应商、适当储备库存等措施，以应对突发情况。这需要与供应商、物流合作伙伴紧密合作，确保在危急时刻能够迅速响应。

供应链流程的优化是一个系统工程，需要企业从多个维度进行深入的思考和实践，不断探索新的方法和技术，以流程为核心，推动供应链向更加高效、透明和可持续的方向发展。

PART 8

法律与合规的
坚实防线

8.1

法律的守望者：

法律法规审查与遵守的严谨态度

在商业活动中，企业必须严格遵守法律法规。这些规则明确了企业行为的合法界限，对于保障市场秩序和促进公平竞争至关重要。

一、法律的守望者：守护商业诚信与秩序

法律是商业诚信的守护者，它确保了交易的透明性和公正性。随着经济的快速发展和全球化的深入，我国的法律法规也在不断完善，以适应新的商业环境。企业在追求经济效益的同时，必须坚守法律底线，这不仅是对法律的尊重，更是企业社会责任的体现。一个严格遵守法律的企业，能够在市场中建立起良好的信誉，吸引投资者和消费者，从而在激烈的竞争中脱颖而出。

在这一过程中，企业需要建立一套完善的法律法规体系。这包括对内部流程的审查，确保所有业务活动都符合相关法律法规。例如，企业在进行并购时，必须遵守反垄断法，保证每一个市场主体的利益不受侵害。在劳动法方面，企业应确保员工的合法权益得到保护，遵守劳动合同法，按时支付工资。此外，企业还应关注环境保护法规，确保生产活动不会对环境造成不可逆的损害。

二、创新视角下的法律审查

创新是企业发展的不竭动力，但在创新的道路上，企业有时面临着法律的空白。新技术、新模式的出现，往往伴随着法律的空白和监管的滞后。企业如何在法律允许的范围内进行创新，是一个值得思考的问题。为此，企业应建立一个由法律专家、市场分析师、技术专家等组成的跨部门团队，共同评估新项目或产品潜在的法律风险。

以人工智能为例，这一领域的快速发展带来了数据隐私、算法透明度、责任归属等一系列法律问题。企业在开发智能产品时，必须考虑到这些潜在的风险，并在产品设计阶段就进行相应的法律审查。这不仅有助于避免未来可能出现的法律纠纷，还能够为企业赢得市场先机，因为消费者越来越关注产品的合规性和道德标准。

三、遵守法律：从被动到主动的转变

过去，企业在面对法律问题时，往往是在问题出现后才寻求解决方案。这种被动应对不但成本高昂，而且效果有限。现代企业应将遵守法律转变

为一种主动行为，通过建立内部合规体系，将法律风险管理融入日常运营。

企业应定期进行法律培训，确保员工了解最新的法律法规。例如，企业在进行国际交易时，必须了解并遵守目标国家的法律法规，包括税务、进出口等的相关规定。此外，企业应设立内部上报机制，鼓励员工在发现潜在的法律问题时能够及时上报，从而保证问题在萌芽阶段就予以解决。这种主动遵守法律的态度，有助于企业及时发现并解决问题，避免潜在的法律风险。

四、法律与道德：双重底线的坚守

法律是最低限度的道德标准，但企业在追求利润的同时，不应忽视更高限度的道德标准。在某些情况下，即使法律没有明确禁止，但违背了社会公序良俗的行为也会对企业的声誉造成严重损害。因此，企业在遵守法律的同时，还应坚守道德底线，将社会责任融入企业文化。

例如，企业在广告宣传中应避免夸大其词，误导消费者。在供应链管理中，企业应确保供应商遵守劳动法和环保法规，避免使用童工或在生产过程中造成环境污染。这样，才能够提升企业的品牌形象，赢得消费者的信任。

以某知名科技公司为例，该公司在推出一款新型智能设备时，意识到在数据隐私保护方面可能存在法律风险。公司内部成立了一个由法律、技术和市场专家组成的团队，对产品进行了全面的法律审查。他们不仅分析了国内外的相关法律法规，还与监管机构进行了深入沟通，确保产品设计符合法律要求。同时，公司在产品发布前，对员工进行了数据隐私保护的培训，并在产品中加入了用户隐私设置，让用户能够自主选择想要分享的数据。这一举措不仅避免了潜在的法律风险，还赢得了用户的信任，提升了品牌形象。

在商业困局中，企业应以法律为指南，以道德为灯塔，不断调整航向，稳健前行。通过主动的法律审查，主动遵守法律，企业不仅能够避免风险，还能够在市场中树立良好的形象，取得长远的发展。

8.2

合规的盾牌：

风险管理与合规性的策略

在当今这个充满变数的商业世界中，企业如同航行在广阔无垠的海洋上的航船，面对着无数未知的挑战和潜在的风险。在这样的环境下，合规性不仅是企业必须遵循的规则，更是确保航船安全、稳定前行的罗盘。随着经济全球化的飞速发展，企业活动跨越国界，涉及的法律法规、行业标准和道德规范日益增多，合规性的重要性愈发突显。企业如何在遵守规则的同时，灵活应对市场变化，如何在风险与机遇之间找到平衡，成为每一个企业领导者必须面对的课题。下面我们来探讨如何在风险管理与合规性之间架起一座桥梁，为企业构建一道坚固的"盾牌"，使企业在激烈的市场竞争中立于不败之地。

一、合规的内涵与重要性

合规，即企业的经营活动符合相关的法律法规、行业标准和道德规范。合规是企业社会责任的体现，也是企业诚信经营的基石。合规不仅仅是简单地遵守法律和相关法规，它涉及企业内部管理的每一个细节，从员工行为规范到业务流程的透明度，从供应链管理到客户数据保护，合规性贯穿于企业运营的整个生命周期。

合规的重要性在于，它能够为企业构建起一道坚固的防线，抵御外部风险的侵袭。在法律层面，合规可以避免因违规行为而引发的诉讼、罚款甚至刑事责任，保护企业的合法权益。在市场层面，合规有助于企业建立良好的品牌形象，赢得消费者和投资者的信任，从而在激烈的市场竞争中脱颖而出。在内部管理层面，合规能够提高企业的运营效率，减少因违规操作造成的额外成本，确保资源的有效配置。

二、风险管理与合规性的关系

风险管理与合规性犹如硬币的两面，两者相辅相成。风险管理是企业面对不确定性时的应对策略，它要求企业识别潜在的风险点，评估风险的可能性和影响，然后采取相应的措施来减轻或消除这些风险。合规性则是风险管理中的一个重要组成部分，它要求企业在风险管理的过程中，始终将法律法规作为行动的指南，确保每一步决策和行动都在法律框架内进行。

合规性为风险管理提供了一个明确的行动框架，帮助企业在遵守法律的前提下，合理规避风险。同时，风险管理的实践也反过来推动企业不断完善合规体系，通过风险评估和监控，企业能够及时发现漏洞，及时修补，从而形成一个动态的、持续改进的合规机制。这种双向互动的关系，使得风险管理和合规性成为企业稳健发展的双重保障。

三、合规的盾牌：风险管理与合规性的策略

（一）强化合规意识

企业应将合规意识作为企业文化的核心，通过定期的培训和教育，使员工深刻理解合规的重要性。这种意识的培养不能仅局限于法律层面，更应扩展到道德和伦理层面，鼓励员工在日常工作中自觉遵守规则，形成一种自我约束的习惯。

（二）建立完善的合规体系

企业应根据自身业务特点，制定一套全面的合规政策和流程。这包括但不限于合规手册的编制、合规培训的实施、合规风险的定期评估以及违规的处罚机制。此外，企业还应建立一个跨部门的合规团队，负责监督合规体系的执行情况，确保合规政策得到有效执行。

（三）强化风险评估与监控

企业应建立一个动态的风险评估体系，利用数据分析和人工智能技术，对潜在的合规风险进行实时监控。一旦发现危险信号，应立即启动应急预案，采取有效措施，防止风险升级。

（四）建立健全的内部监督机制

内部监督是确保合规体系有效运行的关键。企业应设立独立的内部审计部门，定期对合规流程进行审查，确保所有业务活动都在合规框架内进行。同时，鼓励各部门互相监督，建立一个公平、透明的监督机制。

（五）积极应对监管变化

监管环境的不断变化要求企业保持高度的敏感性和适应性。企业应设

立专门的监管事务部门，密切关注政策动态，及时调整合规策略。同时，与监管机构保持良好的沟通，确保企业在遵守新规定的同时，也能够为政策制定提供行业视角。

（六）倡导诚信文化

诚信是企业合规的基石。企业应通过各种渠道，如公益活动等，展示其诚信经营的形象。同时，将诚信文化融入员工的日常工作，使之成为企业的一种内在驱动力。

（七）借助外部专业力量

在合规体系建设和风险管理方面，企业可以寻求外部专业机构的帮助。这些机构拥有丰富的经验和专业知识，能够为企业提供合规咨询、风险评估、培训等服务，帮助企业构建更加完善的合规体系。

四、创新与合规的融合：探索新路径

在追求合规的同时，企业不应忽视创新的力量。创新是推动企业发展的核心动力，而合规则是确保创新活动在安全轨道上运行的保障。企业需要在创新与合规之间找到平衡，确保在追求新机遇的同时，不触碰法律和道德的红线。

（一）创新合规流程

企业可以通过技术创新来优化合规流程。例如，利用区块链技术提高数据的透明度和不可篡改性，确保交易记录的真实性和合规性。人工智能和机器学习技术也可以帮助企业进行自动化合规检查，提高效率，减少人为错误。

（二）合规驱动的创新

在产品开发和市场策略中，企业应将合规性作为创新的出发点。例如，开发符合环保法规的绿色产品，或者研发能够保护用户隐私的新技术。这样的创新不仅能够满足市场需求，还能提升企业的社会形象。

（三）合规文化与创新精神的结合

企业内部应形成一种既尊重规则又鼓励创新的氛围。这意味着在合规的同时，鼓励员工提出新想法，勇于尝试新方法。通过创造一个开放的沟通环境，企业可以收集来自不同部门的创新意见，促进跨领域、跨部门的合作。

（四）合规风险的创新管理

面对新兴市场和技术，传统的风险管理方法可能不再适用。企业需要开发新的工具和制定新的策略来应对这些风险。例如，对于数据安全和网络安全的风险，企业可以采用先进的加密技术和安全协议，同时建立应急响应机制，以快速应对潜在的安全威胁。

（五）与监管机构合作创新

企业可以与监管机构合作，共同探索新的监管框架和合规标准。这种合作不仅有助于企业更好地理解监管要求，还能够为监管机构提供实践反馈，推动法规的完善和发展。

8.3

知识产权的守护者：
知识产权保护与利用的策略

随着科技的不断进步，知识产权的价值日益突显。知识产权的保护不仅关乎企业的利益，更是国家创新发展的重要保障。只有充分保护知识产权，才能激发创新活力，推动经济的可持续发展。

尽管知识产权保护至关重要，但在实践中却面临着诸多挑战。侵权行为屡禁不止，维权成本高昂，国际竞争压力加剧等问题使得知识产权保护工作变得更为复杂。那么，我们如何通过创新的策略，使企业在这场知识产权的保护战中立于不败之地呢？

一、知识产权的多维保护策略

知识产权的保护不应仅仅局限于法律层面，而应构建起一个多层次、全方位的保护体系。这要求企业在以下几个方面下功夫。

（一）技术保护

在数字时代，技术手段成为保护知识产权的重要工具。企业应投资研发先进的加密技术，确保知识产权在网络传输过程中的安全。同时，利用区块链技术建立起不可篡改的知识产权登记系统，为知识产权的归属和交易提供透明、可追溯的记录。此外，企业还应关注新兴技术如人工智能和物联网在知识产权保护中的应用，以应对未来可能出现的新型侵权行为。

（二）合同保护

在与外部合作伙伴、供应商和客户签订合同时，应明确知识产权的归属、使用范围和期限，以及违约责任。此外，企业还应定期审查和更新合同条款，以适应市场和技术的变化。在合同中，应特别强调对知识产权的保密义务，以及在合同终止后对知识产权的处理方式。

（三）文化保护

企业文化是知识产权保护的内在动力。企业应通过培训，提高员工对知识产权重要性的认识，鼓励创新并尊重他人的知识产权。同时，建立内部监督机制，对侵犯知识产权的行为进行严肃处理。企业还应将知识产权保护纳入绩效考核体系，激励员工积极参与知识产权的保护工作。

二、知识产权的动态管理

知识产权的管理不应是静态的，而应随着市场和技术的发展而不断调整。企业应采取以下措施。

（一）市场监控

建立专门的知识产权监控团队，利用大数据和人工智能技术分析市场动态，及时发现潜在的侵权行为，并采取相应的法律行动。此外，企业还应关注行业发展趋势，预测未来可能出现的知识产权热点，提前进行布局。

（二）策略调整

企业应根据市场反馈和自身发展需求，动态调整知识产权战略。例如，对于即将过期的专利，企业可以考虑将其公开，以取得市场影响力和行业话语权。同时，企业还应关注国际知识产权法律的变化，及时调整国际申请策略。

（三）价值评估

定期对企业的知识产权进行价值评估，确保资源投入与产出相匹配。对于高价值的知识产权，企业应加大保护力度；对于低价值的知识产权，可以考虑转让或放弃，以集中资源发展核心业务。在评估过程中，企业应考虑知识产权的潜在市场规模、技术成熟度以及与企业市场战略的契合度。

三、知识产权的商业化运作

知识产权的商业化是实现其价值的关键。企业应探索多种商业模式，将知识产权转化为经济利益。

（一）许可与授权

通过签署许可协议，企业可以将知识产权授权给其他企业使用，从而获得稳定的许可费收入。同时，这也有助于扩大知识产权的影响力，促进技术的传播和应用。在许可过程中，企业应设定合理的许可费率，确保既能吸引合作伙伴，又能保护自身的利益。

（二）合作开发

与行业内的其他企业建立合作关系，共同研发新产品。这样不仅可以分摊研发成本，还可以通过合作方的市场渠道，快速推广知识产权的应用。在合作开发中，企业应明确各自的责任和权益，确保知识产权的归属和利益分配公平合理。

（三）知识产权金融化

将知识产权作为资产进行融资，如通过知识产权质押贷款获取资金，或将知识产权打包成证券产品进行交易。这不仅为企业提供了新的融资渠道，也为投资者提供了新的投资机会。在金融化过程中，企业应评估知识产权的市场潜力和可能存在的风险，确保金融产品的稳健性。

四、知识产权的国际布局

在全球化背景下，知识产权的国际保护尤为重要。企业应采取以下措施。

（一）国际申请

在重要市场提前申请专利，确保知识产权的全球保护。同时，了解不同国家对知识产权保护的相关法律的差异，制定相应的申请策略。在国际申请过程中，企业应考虑利用 Patent Cooperation Treaty（简称 PCT，专利合作条约）等国际协议，简化申请流程，降低成本。

（二）国际合作

与国际伙伴建立合作关系，共同维护和利用知识产权。这不仅有助于解决跨国知识产权争端，还可以通过合作，共同开拓国际市场。在国际合作中，企业应注重文化差异，建立有效的沟通机制，确保合作顺利进行。

（三）应对国际争端

建立专业的国际知识产权争端应对团队，熟悉国际知识产权法律和争端解决机制。在发生争端时，能够迅速采取有效措施，保护企业的合法权益。同时，企业应积极参与国际知识产权组织的活动，提升自身在国际舞台上的影响力。

知识产权保护是一场持久战，需要企业在战略层面进行深思熟虑。在未来的道路上，知识产权将继续扮演着推动创新、促进经济发展的关键角色。企业作为知识产权的守护者，需要不断探索新的策略和方法，以适应不断变化的世界。

8.4

合同的精算师：
合同管理与谈判技巧的掌握

合同，作为商业活动中有法律效力的文件，既是保障各方权益的保障，也可能成为冲突的源头。掌握签署合同和商业谈判的技巧，对企业来说至关重要。

一、合同管理：战略视角下的合同艺术

（一）预见性：构建风险防护网

在合同管理中，预见性是构建风险防护网的基石。企业应具备前瞻性思维，不仅要考虑当前的市场状况，还要预测未来可能发生的变化。这包括对宏观经济趋势的分析、行业动态的把握以及潜在的法律风险评估。通过这种预见性，企业可以在合同中嵌入相应的条款，如灵活的价格调整机制、市场变动的应对策略等，以确保在不确定性中保持稳定。

为了实现这一目标，企业需要建立一个跨部门的风险管理团队，该团队应包括市场分析师、法律顾问和业务专家，共同评估潜在风险并制定应对策略。此外，企业还应利用先进的风险管理软件，通过大数据分析来预测市场变化，为合同条款的制定提供科学依据。

（二）灵活性：合同的生命力

合同的灵活性是其生命力的体现。在起草合同时，企业应避免制定过于死板的条款，允许合同在一定范围内进行调整。这种灵活性可以通过设置可变条款、选择性条款或者可撤销条款等方式实现。例如，合同中可以包含根据市场变化调整价格的条款，或者在特定情况下允许双方重新协商合同内容。这样的灵活性不仅有助于合同的长期执行，还能够促进双方的持续合作和关系维护。

为了实现合同的灵活性，企业需要在合同条款拟定阶段就考虑到未来可能的变化，并在合同中预留足够的调整空间。这包括设置触发机制，如当某个关键指标达到特定阈值时，合同条款自动生效或失效。同时，企业还应确保合同中的灵活性条款不会损害自身的核心竞争力，确保在追求灵活性的同时，也能保护自身的长期利益。

（三）适应性：合同的进化

合同管理的适应性要求企业能够从实践中学习，不断优化合同模板。这意味着企业需要建立一个反馈机制，收集合同执行过程中的反馈信息，分析合同执行过程中的成功与失败案例。通过这种持续的学习和改进，企业可以提高合同管理的效率，确保合同能够适应不断变化的商业环境。同时，企业还应关注行业中的成功案例，将先进的合同管理理念融入自身的管理体系中，以提升整体的合同管理水平。

为了提高合同的适应性，企业可以采用敏捷管理方法，将合同管理过程分解为多个小的迭代周期，每个周期结束后都进行评估和调整。这种方法有助于企业快速响应市场变化，及时修正合同中的不足。此外，企业还可以通过建立合作伙伴关系，与供应商、客户等共同拟定合同模板，以确保合同能够满足所有相关方的需求。

二、谈判技巧：艺术与科学的完美融合

谈判是商业活动中不可或缺的一部分，它要求企业在争取自身利益的同时，也要考虑到对方的立场和需求。以下是一些行之有效的谈判技巧。

（一）情感识别能力：建立信任的桥梁

情感识别能力在谈判中扮演着至关重要的角色。企业应培养员工的情感识别能力，使其能够准确识别和理解对方的情绪和需求。这种能力有助于建立信任，促进双方的沟通。在谈判中，情感识别能力可以帮助企业更好地理解对方的非语言信号，如肢体语言、语调和面部表情，从而做出更有效的回应。此外，情感识别能力还有助于企业在高压的谈判环境中保持冷静，避免做出不科学的决策。

为了提升情感识别能力，企业可以为员工安排专门的培训，教授他们如何识别和处理谈判中的情绪问题。同时，企业还可以通过角色扮演和模拟谈判的方式，让员工在实践中学习和提高。此外，企业还应鼓励团队合作，利用团队成员之间的情感识别能力互补，共同应对谈判中的挑战。

（二）数据驱动：让事实说话

在信息爆炸的时代，数据成为谈判的有力支持。企业应利用数据分析工具，收集和分析市场数据、竞争对手信息以及历史谈判案例。这些数据可以帮助企业在谈判中提出有力的论据，支持自己的立场。例如，通过市

场分析，企业可以展示其产品或服务的独特价值，或者通过历史数据证明其在合作中的可靠性。数据驱动的谈判策略不仅提高了谈判的效率，也增强了企业的议价能力。

为了更好地利用数据驱动谈判，企业需要建立一个强大的数据分析平台，该平台应能够实时收集和处理来自不同渠道的数据，并提供直观的分析结果。此外，企业还应培养数据分析师，因为他们能够从大量数据中提炼出有价值的信息，并将其转化为谈判策略。

（三）创造性解决方案：打破僵局

谈判中的僵局往往是由于双方在某些关键问题上无法达成一致造成的。在这种情况下，创造性地提出解决方案至关重要。企业可以尝试寻找双方共同的利益点，或者提出创新的合作模式，如联合研发、市场共享等。这些创造性的解决方案不仅能够解决眼前的问题，还能够为双方带来长远的利益。例如，通过技术合作，双方可以共同开发新的产品或服务，从而在市场中获得竞争优势。

为了培养创造性思维，企业应鼓励员工进行头脑风暴，挑战传统的思维模式。同时，企业还可以引入外部专家，因为他们可能带来新的视角和想法。此外，企业还应营造支持创新的文化氛围，鼓励员工提出并实践新的想法，即使这些想法可能存在失败的风险。

8.5

合规的灯塔：
构建合规文化与环境的实践

随着全球化和监管的加强，企业合规性已成为企业持续、稳定发展的重要因素。许多企业在追求利润增长的过程中，忽视了合规的重要性，最终陷入困境。因此，企业要在内部构建起以合规为核心的企业文化和环境，才能在竞争激烈的市场中稳步前行。

一、合规文化的顶层设计：价值观的引领

企业高层必须保证日常经营活动合规，并将合规性融入企业文化的血脉之中。合规不仅仅是对外的承诺，更是对内的行动指南。企业应明确提出合规的核心价值观，并将其作为决策的首要原则。在绩效考核体系中，合规应占据重要位置，确保所有业务活动都在合规框架内进行。此外，企业还应通过定期的合规培训和教育，强化员工对合规的重要性的认识，使合规成为每个员工的自觉行为。

为了进一步深化合规文化的顶层设计，实现合规价值观的引领，企业可以采取以下措施。

（一）制定明确的合规政策

企业应制定一套详尽的合规政策，明确指出哪些行为是被允许的，哪

些是禁止的，以及违反政策的后果。

（二）领导层的示范作用

高层管理者应通过自己的行为为员工树立榜样，确保在所有决策和行动中都体现出对合规的重视。

（三）合规文化的传播

通过内部通讯、工作坊、研讨会等形式，不断强化合规文化的传播，确保每个员工都能理解和认同。

二、合规的动态适应性：与法规同步更新

法规环境的不断变化要求企业的合规体系必须具备高度的灵活性和适应性。企业应建立一个能够快速响应法规变化的机制，这包括设立专门的合规监测团队，负责跟踪最新的法律法规动态，并及时更新企业的合规政策。同时，企业应定期对员工进行合规培训，确保他们了解并能够遵守最新的法规要求。利用人工智能和大数据分析等技术手段，企业可以更有效地监控业务流程，预防潜在的合规风险，从而实现合规管理的智能化和自动化。

具体来说，企业可以从以下几个方面开展工作。

（一）建立合规监测系统

利用自动化工具监控法规变化，确保合规团队能够及时获取最新信息。

（二）定期合规审计

通过定期的内部审计，监督企业是否遵守了所有相关法规，保证各部门在法规规定的范围内运作。

（三）风险评估与应对

对潜在的合规风险进行评估，并制定相应的应对策略，以减轻风险对企业的影响。

三、合规的全员参与：从"我"做起

合规文化不是合规部门的独角戏，而是需要全员参与的集体行动。企业应鼓励员工在日常工作中主动识别和报告潜在的合规问题，建立起一个开放、透明的沟通渠道。通过设立合规奖励机制，激励员工积极参与合规建设，同时对违反合规规定的行为进行严肃处理，以此强化合规文化的执行力。此外，企业还应通过案例分析、角色扮演等形式，让员工在实践中学习合规知识，增强他们的合规意识和能力。

为此，企业可以从以下几个方面入手，深入开展工作。

（一）设立合规热线

设立一个匿名的合规热线，鼓励员工报告潜在的违规行为，保护举报人的隐私。

（二）合规培训与教育

定期举办合规培训，培训内容不仅包括法规知识，还包括道德和伦理教育，提高员工的道德标准。

（三）合规文化的实践

通过模拟案例和角色扮演，让员工在模拟环境中进行合规决策，增强他们的实践能力。

四、合规的技术创新：智能化合规管理

随着科技的进步，合规管理正逐渐走向智能化。企业可以利用大数据、人工智能、区块链等技术，构建一个全方位的合规监控系统。例如，通过智能分析工具，企业可以实时监控交易数据，自动识别异常行为，从而有效预防欺诈和腐败。此外，区块链技术的应用可以提高数据的透明度和不可篡改性，为合规提供新的解决方案。企业应积极应用这些技术，将其融入合规管理的各个环节，以提高合规效率和效果。

为此，企业可以开展以下的工作。

（一）开发合规智能系统

利用机器学习算法分析历史数据，预测潜在的合规风险，并提供预警。

（二）区块链技术的应用

在供应链管理中应用区块链技术，确保交易的透明度和可追溯性。

（三）自动化合规检查

开发自动化工具，对合同、交易等进行合规性检查，减少人工审核的工作量和错误率。

五、合规的外部合作：构建合规生态圈

在全球化的商业环境中，企业不应孤立地看待合规问题。与供应商、客户、行业协会等外部伙伴建立良好的合作关系，共同构建一个合规生态圈，对于应对跨区域、跨行业的合规挑战至关重要。企业可以通过共享合规资源、交流最佳实践、联合开展合规培训等方式，与合作伙伴共同提升合规水平。同时，企业还应积极参与行业标准的制定，推动整个行业的合规水平提升。

为实现这个目标，企业需要做到以下几点。

（一）建立合规联盟

与同行业的企业建立合规联盟，共享合规资源，共同应对行业面临的合规挑战。

（二）参与行业标准制定

积极参与行业协会和监管机构的活动，为行业合规标准的制定提供建议和支持。

（三）跨文化合规培训

针对跨国业务，提供跨文化合规培训，帮助员工理解和适应不同国家和地区的合规要求。

构建一个以合规为核心的企业文化和环境，需要企业从顶层设计到基层执行的全方位投入，需要企业不断地自我革新和适应变化。通过价值观的引领、动态适应法规变化、全员参与、技术创新和外部合作，企业可以建立起一座坚固的合规灯塔，照亮前行的道路，引领企业在商业海洋中稳健航行。